| 年・場所 | 力士名 | 番付 | 所属部屋 | 成績 | 出身 | 回数 |
|---|---|---|---|---|---|---|
| 昭和32（1957）年・三月 | 朝汐太郎 | 関脇 | 高砂 | 13勝2敗 | 鹿児島 | 1 |
| 昭和32（1957）年・五月 | 安念山治 | 小結 | 立浪 | 13勝2敗 | 北海道 | 1 |
| 昭和32（1957）年・九月 | 玉乃海太三郎 | 前頭14 | 二所ノ関 | 15勝 | 大分 | 1 |
| 昭和32（1957）年・十一月 | 栃錦清隆 | 横綱 | 春日野 | 14勝1敗 | 東京 | 3 |
| 昭和33（1958）年・一月 | 朝汐太郎 | 大関 | 高砂 | 13勝2敗 | 鹿児島 | 2 |
| 昭和33（1958）年・三月 | 若乃花幹士（初代） | 大関 | 花籠 | 13勝2敗 | 青森 | 3 |
| 昭和33（1958）年・五月 | 栃錦清隆 | 横綱 | 春日野 | 13勝2敗 | 東京 | 4 |
| 昭和33（1958）年・七月 | 若乃花幹士（初代） | 横綱 | 花籠 | 13勝2敗 | 青森 | 5 |
| 昭和33（1958）年・九月 | 若乃花幹士（初代） | 横綱 | 花籠 | 14勝1敗 | 青森 | 6 |
| 昭和33（1958）年・十一月 | 朝汐太郎 | 大関 | 高砂 | 14勝1敗 | 鹿児島 | 3 |
| 昭和34（1959）年・一月 | 栃錦清隆 | 横綱 | 春日野 | 14勝1敗 | 東京 | 7 |
| 昭和34（1959）年・三月 | 栃錦清隆 | 横綱 | 春日野 | 14勝1敗 | 東京 | 8 |
| 昭和34（1959）年・五月 | 若乃花幹士（初代） | 横綱 | 花籠 | 14勝1敗 | 青森 | 9 |
| 昭和34（1959）年・七月 | 栃錦清隆 | 横綱 | 春日野 | 15勝 | 東京 | 10 |
| 昭和34（1959）年・九月 | 若羽黒朋明 | 大関 | 立浪 | 13勝2敗 | 神奈川 | 1 |
| 昭和34（1959）年・十一月 | 栃錦清隆 | 横綱 | 春日野 | 14勝1敗 | 東京 | 9 |
| 昭和35（1960）年・一月 | 若乃花幹士（初代） | 横綱 | 花籠 | 13勝2敗 | 青森 | 10 |
| 昭和35（1960）年・三月 | 若乃花幹士（初代） | 横綱 | 花籠 | 13勝2敗 | 青森 | 11 |
| 昭和35（1960）年・五月 | 若三杉彰晃 | 関脇 | 花籠 | 14勝1敗 | 香川 | 1 |
| 昭和35（1960）年・七月 | 若乃花幹士（初代） | 横綱 | 花籠 | 13勝2敗 | 青森 | 12 |
| 昭和35（1960）年・九月 | 大鵬幸喜 | 関脇 | 二所ノ関 | 13勝2敗 | 北海道 | 1 |
| 昭和35（1960）年・十一月 | 大鵬幸喜 | 大関 | 二所ノ関 | 13勝2敗 | 北海道 | 2 |
| 昭和36（1961）年・一月 | 柏戸剛 | 大関 | 伊勢ノ海 | 13勝2敗 | 山形 | 1 |
| 昭和36（1961）年・三月 | 朝潮太郎 | 大関 | 高砂 | 13勝2敗 | 鹿児島 | 5 |
| 昭和36（1961）年・五月 | 佐田の山晋松 | 前頭13 | 出羽海 | 12勝3敗 | 長崎 | 1 |
| 昭和36（1961）年・七月 | 大鵬幸喜 | 横綱 | 二所ノ関 | 13勝2敗 | 北海道 | 3 |
| 昭和36（1961）年・九月 | 大鵬幸喜 | 横綱 | 二所ノ関 | 13勝2敗 | 北海道 | 4 |
| 昭和36（1961）年・十一月 | 大鵬幸喜 | 横綱 | 二所ノ関 | 13勝2敗 | 北海道 | 5 |
| 昭和37（1962）年・一月 | 大鵬幸喜 | 横綱 | 二所ノ関 | 13勝2敗 | 北海道 | 6 |
| 昭和37（1962）年・三月 | 栃ノ海晃嘉 | 関脇 | 春日野 | 14勝1敗 | 青森 | 1 |
| 昭和38（1963）年・三月 | 大鵬幸喜 | 横綱 | 二所ノ関 | 14勝1敗 | 北海道 | 9 |
| 昭和38（1963）年・五月 | 大鵬幸喜 | 横綱 | 二所ノ関 | 15勝 | 北海道 | 10 |
| 昭和38（1963）年・七月 | 北葉山英俊 | 大関 | 時津風 | 15勝 | 北海道 | 11 |
| 昭和38（1963）年・九月 | 大鵬幸喜 | 横綱 | 二所ノ関 | 15勝 | 北海道 | 1 |
| 昭和38（1963）年・十一月 | 柏戸剛 | 横綱 | 伊勢ノ海 | 14勝1敗 | 山形 | 2 |
| 昭和39（1964）年・一月 | 大鵬幸喜 | 横綱 | 二所ノ関 | 15勝 | 北海道 | 12 |
| 昭和39（1964）年・三月 | 大鵬幸喜 | 横綱 | 二所ノ関 | 15勝 | 北海道 | 13 |
| 昭和39（1964）年・五月 | 栃ノ海晃嘉 | 横綱 | 春日野 | 13勝2敗 | 青森 | 2 |
| 昭和39（1964）年・七月 | 富士錦猛光 | 前頭9 | 高砂 | 14勝1敗 | 山梨 | 1 |
| 昭和39（1964）年・九月 | 大鵬幸喜 | 横綱 | 二所ノ関 | 14勝1敗 | 北海道 | 14 |
| 昭和39（1964）年・十一月 | 大鵬幸喜 | 横綱 | 二所ノ関 | 14勝1敗 | 北海道 | 15 |
| 昭和40（1965）年・一月 | 佐田の山晋松 | 横綱 | 出羽海 | 13勝2敗 | 長崎 | 3 |
| 昭和40（1965）年・三月 | 大鵬幸喜 | 横綱 | 二所ノ関 | 14勝1敗 | 北海道 | 16 |
| 昭和40（1965）年・五月 | 佐田の山晋松 | 横綱 | 出羽海 | 14勝1敗 | 長崎 | 4 |
| 昭和40（1965）年・七月 | 大鵬幸喜 | 横綱 | 二所ノ関 | 13勝2敗 | 北海道 | 17 |
| 昭和40（1965）年・九月 | 柏戸剛 | 横綱 | 伊勢ノ海 | 12勝3敗 | 山形 | 3 |
| 昭和40（1965）年・十一月 | 大鵬幸喜 | 横綱 | 二所ノ関 | 13勝2敗 | 北海道 | 18 |
| 昭和41（1966）年・一月 | 柏戸剛 | 横綱 | 伊勢ノ海 | 14勝1敗 | 山形 | 4 |
| 昭和41（1966）年・三月 | 大鵬幸喜 | 横綱 | 二所ノ関 | 13勝2敗 | 北海道 | 19 |
| 昭和41（1966）年・五月 | 大鵬幸喜 | 横綱 | 二所ノ関 | 14勝1敗 | 北海道 | 20 |
| 昭和41（1966）年・七月 | 大鵬幸喜 | 横綱 | 二所ノ関 | 14勝1敗 | 北海道 | 21 |
| 昭和41（1966）年・九月 | 大鵬幸喜 | 横綱 | 二所ノ関 | 13勝2敗 | 北海道 | 22 |
| 昭和41（1966）年・十一月 | 大鵬幸喜 | 横綱 | 二所ノ関 | 15勝 | 北海道 | 23 |
| 昭和42（1967）年・一月 | 大鵬幸喜 | 横綱 | 二所ノ関 | 15勝 | 北海道 | 24 |
| 昭和42（1967）年・三月 | 北の富士勝昭 | 大関 | 九重 | 14勝1敗 | 北海道 | 1 |
| 昭和42（1967）年・五月 | 佐田の山晋松 | 横綱 | 出羽海 | 14勝1敗 | 長崎 | 5 |
| 昭和42（1967）年・七月 | 大鵬幸喜 | 横綱 | 二所ノ関 | 14勝1敗 | 北海道 | 25 |
| 昭和42（1967）年・九月 | 琴櫻傑將 | 大関 | 佐渡ケ嶽 | 13勝2敗 | 鳥取 | 1 |
| 昭和42（1967）年・十一月 | 大鵬幸喜 | 横綱 | 二所ノ関 | 15勝 | 北海道 | 26 |
| 昭和43（1968）年・一月 | 佐田の山晋松 | 横綱 | 出羽海 | 13勝2敗 | 長崎 | 6 |
| 昭和43（1968）年・三月 | 若浪順 | 前頭8 | 立浪 | 13勝2敗 | 茨城 | 1 |
| 昭和43（1968）年・五月 | 玉乃島正夫 | 大関 | 片男波 | 13勝2敗 | 長崎 | 1 |
| 昭和43（1968）年・七月 | 琴櫻傑將 | 大関 | 佐渡ケ嶽 | 13勝2敗 | 鳥取 | 2 |
| 昭和43（1968）年・九月 | 大鵬幸喜 | 横綱 | 二所ノ関 | 14勝1敗 | 北海道 | 27 |
| 昭和43（1968）年・十一月 | 若浪雄 | 大関 | 二所ノ関 | 14勝1敗 | 秋田 | 28 |
| 昭和44（1969）年・一月 | 大鵬幸喜 | 横綱 | 二所ノ関 | 13勝2敗 | 北海道 | 29 |
| 昭和44（1969）年・三月 | 琴櫻傑將 | 大関 | 佐渡ケ嶽 | 13勝2敗 | 鳥取 | 2 |
| 昭和44（1969）年・五月 | 大鵬幸喜 | 横綱 | 二所ノ関 | 15勝 | 北海道 | 30 |
| 昭和44（1969）年・七月 | 清國勝雄 | 大関 | 伊勢ノ海 | 12勝3敗 | 秋田 | 1 |
| 昭和44（1969）年・九月 | 玉乃島正夫 | 大関 | 片男波 | 14勝1敗 | 愛知 | 2 |
| 昭和44（1969）年・十一月 | 北の富士勝昭 | 大関 | 九重 | 13勝2敗 | 北海道 | 2 |
| 昭和45（1970）年・一月 | 北の富士勝昭 | 横綱 | 九重 | 14勝1敗 | 北海道 | 3 |
| 昭和45（1970）年・三月 | 大鵬幸喜 | 横綱 | 二所ノ関 | 14勝1敗 | 北海道 | 31 |
| 昭和45（1970）年・五月 | 北の富士勝昭 | 横綱 | 九重 | 14勝1敗 | 北海道 | 4 |
| 昭和45（1970）年・七月 | 北の富士勝昭 | 横綱 | 九重 | 13勝2敗 | 北海道 | 5 |
| 昭和45（1970）年・九月 | 玉の海正洋 | 横綱 | 片男波 | 14勝1敗 | 愛知 | 3 |
| 昭和45（1970）年・十一月 | 玉の海正洋 | 横綱 | 片男波 | 14勝1敗 | 愛知 | 4 |
| 昭和46（1971）年・一月 | 大鵬幸喜 | 横綱 | 二所ノ関 | 14勝1敗 | 北海道 | 32 |
| 昭和46（1971）年・三月 | 玉の海正洋 | 横綱 | 片男波 | 15勝 | 愛知 | 5 |
| 昭和46（1971）年・五月 | 北の富士勝昭 | 横綱 | 九重 | 14勝1敗 | 北海道 | 6 |
| 昭和46（1971）年・七月 | 玉の海正洋 | 横綱 | 片男波 | 15勝 | 愛知 | 7 |
| 昭和46（1971）年・九月 | 北の富士勝昭 | 横綱 | 九重 | 15勝 | 北海道 | 8 |
| 昭和46（1971）年・十一月 | 長谷川勝敏 | 関脇 | 佐渡ケ嶽 | 12勝3敗 | 北海道 | 1 |
| 昭和47（1972）年・一月 | 栃東知頼 | 前頭5 | 春日野 | 11勝4敗 | 福島 | 1 |
| 昭和47（1972）年・三月 | 長谷川勝敏 | 関脇 | 佐渡ケ嶽 | 12勝3敗 | 北海道 | 2 |
| 昭和47（1972）年・五月 | 輪島大士 | 関脇 | 花籠 | 12勝3敗 | 石川 | 1 |
| 昭和47（1972）年・七月 | 高見山大五郎 | 前頭4 | 高砂 | 13勝2敗 | アメリカ | 1 |
| 昭和47（1972）年・九月 | 北の富士勝昭 | 横綱 | 九重 | 14勝1敗 | 北海道 | 9 |
| 昭和47（1972）年・十一月 | 琴櫻傑將 | 大関 | 佐渡ケ嶽 | 14勝1敗 | 鳥取 | 4 |
| 昭和48（1973）年・一月 | 琴櫻傑將 | 大関 | 佐渡ケ嶽 | 14勝1敗 | 鳥取 | 5 |
| 昭和48（1973）年・三月 | 北の富士勝昭 | 横綱 | 九重 | 14勝1敗 | 北海道 | 10 |
| 昭和48（1973）年・五月 | 輪島大士 | 大関 | 花籠 | 15勝 | 石川 | 2 |
| 昭和48（1973）年・七月 | 琴櫻傑將 | 横綱 | 佐渡ケ嶽 | 14勝1敗 | 鳥取 | 6 |
| 昭和48（1973）年・九月 | 輪島大士 | 横綱 | 花籠 | 15勝 | 石川 | 3 |
| 昭和48（1973）年・十一月 | 輪島大士 | 横綱 | 花籠 | 13勝2敗 | 石川 | 4 |
| 昭和49（1974）年・一月 | 北の富士勝昭 | 横綱 | 九重 | 14勝1敗 | 北海道 | 11 |
| 昭和49（1974）年・三月 | 輪島大士 | 横綱 | 花籠 | 13勝2敗 | 石川 | 5 |
| 昭和49（1974）年・五月 | 北の湖敏満 | 大関 | 三保ヶ関 | 13勝2敗 | 北海道 | 1 |
| 昭和49（1974）年・七月 | 輪島大士 | 横綱 | 花籠 | 13勝2敗 | 石川 | 6 |
| 昭和49（1974）年・九月 | 魁傑將晃 | 小結 | 花籠 | 12勝3敗 | 山口 | 1 |
| 昭和49（1974）年・十一月 | 貴ノ花健士 | 大関 | 二子山 | 12勝2敗1休 | 青森 | 1 |
| 昭和50（1975）年・一月 | 北の湖敏満 | 大関 | 三保ヶ関 | 12勝3敗 | 北海道 | 2 |
| 昭和50（1975）年・三月 | 貴ノ花健士 | 大関 | 二子山 | 13勝2敗 | 青森 | 2 |
| 昭和50（1975）年・五月 | 北の湖敏満 | 横綱 | 三保ヶ関 | 13勝2敗 | 北海道 | 3 |
| 昭和50（1975）年・七月 | 金剛正裕 | 前頭1 | 二所ノ関 | 13勝2敗 | 青森 | 1 |
| 昭和50（1975）年・九月 | 貴ノ花健士 | 大関 | 二子山 | 12勝3敗 | 青森 | 3 |
| 昭和50（1975）年・十一月 | 三重ノ海五郎 | 大関 | 出羽海 | 13勝2敗 | 三重 | 1 |
| 昭和51（1976）年・一月 | 北の湖敏満 | 横綱 | 三保ヶ関 | 13勝2敗 | 北海道 | 4 |
| 昭和51（1976）年・三月 | 輪島大士 | 横綱 | 花籠 | 13勝2敗 | 石川 | 7 |
| 昭和51（1976）年・五月 | 魁傑將晃 | 関脇 | 花籠 | 14勝1敗 | 山口 | 2 |
| 昭和51（1976）年・七月 | 北の湖敏満 | 横綱 | 三保ヶ関 | 13勝2敗 | 北海道 | 5 |
| 昭和51（1976）年・九月 | 輪島大士 | 横綱 | 花籠 | 14勝1敗 | 石川 | 8 |
| 昭和51（1976）年・十一月 | 北の湖敏満 | 横綱 | 三保ヶ関 | 14勝1敗 | 北海道 | 6 |
| 昭和52（1977）年・一月 | 若三杉寿人 | 大関 | 二子山 | 13勝2敗 | 青森 | 1 |
| 昭和52（1977）年・三月 | 北の湖敏満 | 横綱 | 三保ヶ関 | 13勝2敗 | 北海道 | 7 |
| 昭和52（1977）年・五月 | 輪島大士 | 横綱 | 花籠 | 15勝 | 石川 | 9 |
| 昭和52（1977）年・七月 | 輪島大士 | 横綱 | 花籠 | 13勝2敗 | 石川 | 10 |
| 昭和52（1977）年・九月 | 北の湖敏満 | 横綱 | 三保ヶ関 | 15勝 | 北海道 | 8 |

←後見返しへ続く

デーモン閣下監修！
# みんなの相撲大全

〈一〉

# 大相撲を楽しもう！

わがはいが、相撲の世界を案内するぞ！

## はじめに

2人の力士がぶつかり合い、いろいろな技を出し合って勝負する相撲は、迫力があり、見ている人たちを楽しませてくれます。また、自分たちで相撲を取るのも、楽しいものです。

もともと、相撲は、神事や祭りとして行われていました。それが、長い間に、日本の文化の中に定着し、やがて興行が行われ、人気を呼ぶようになりました。現在の大相撲は、江戸時代の興行から発展してきたものですが、神事としての一面も見ることができます。

この巻では、「大相撲を楽しもう！」と題して、現在の大相撲の魅力を伝えています。スポーツや武道としての相撲の魅力を知り、また、文化や伝統としての魅力も味わってみてください。これからみなさんが、相撲を見る時にも、自分たちで取る時にも、いっそう〝相撲〟を楽しめることでしょう。

監修者のデーモン閣下

# もくじ

- 【勝負の場】土俵には神がいる!? ……………4
- 【15日間の熱戦】本場所 ……………6
- 本場所の一日 ……………8
- 【力士のランキング】番付表 ……………10
- 【勝負の主役】力士 ……………12
- 力士の一日 ……………14
- 【42人の猛者たち】幕内 ……………16
- 【力士の最高位】横綱 ……………18
- 【力士の呼び名】しこ名 ……………20
- 【力士の競技用装備】まわし ……………22
- 【大相撲を支える人①】取組の進行役 行司 ……………24
- 【大相撲を支える人②】力士のまげ担当 床山 ……………26
- 【大相撲を支える人③】たよれる裏方 呼出し ……………28
- 【伝統の動きとその意味】土俵作法 ……………30

相撲を知ることは、
日本の文化や伝統、
つまり和の美意識を
知ることでもあるのだ。

| | |
|---|---|
| **勝負を決める** 相撲のルール | 34 |
| 相撲の勝負のポイント① 勝負の始まり | 36 |
| 相撲の勝負のポイント② 相撲の取り方 | 38 |
| **勝負を決める技** 決まり手 | 40 |
| **相撲の魅力は奥深い！** | 46 |
| **日々の精進** けいこ | 48 |
| 力士の道の出発点 新弟子 | 50 |
| 日本の北から南まで 巡業 | 52 |
| 力士を育てる場 相撲部屋 | 54 |
| さくいん | 56 |

### この本を読む前に

* この本の内容は、平成30（2018）年1月現在の情報をもとにしています。
* この本では、「大相撲」は、日本相撲協会が主催して行われる相撲の興行のことしました。「相撲」とした場合は、基本的に、大相撲のほか、アマチュアの大会などで行われる力士（または選手など）の戦いや、神事や祭りでの儀式などをふくめたものをさしています。
* 各ページの下には、相撲豆知識をのせています。
* 相撲に関する用語や歴史的なできごとなどには、異なる言い方や説がある場合がありますが、この本では一般的と思われる記述をしています。ほかの言い方や異説を否定するものではありません。

# 勝負の場 土俵

力士が取組をして、勝負をつける場所が土俵です。観客から見やすいよう、土を盛り上げて高く作られています。

## 土俵のつくり

土を盛り上げて固め、土をつめた俵をうめています。俵は6種類あり、合計66俵使われています。

**下の部分の一辺の長さ　6m 70cm（22尺）**
**上の部分の一辺の長さ　5m 70cm（19尺）**

**水おけ俵**

直径 455cm（15尺）
はば 6cm
長さ 90cm
間隔 70cm

※1尺＝約30.3cm

**勝負俵**
ここから外に体が着いたら負けという境を示します。

**徳俵**
勝負俵より俵1つ分外に出たところが4か所あります。ここの内側なら足を着いても負けにならず、少し得などころなので、徳俵と呼びます。

**角俵**
土俵の上の面のふちを囲む俵。

横から見たところ
34〜60cm

徳俵は、昔、相撲が屋外で行われていたころ、土俵上にたまった雨水をはき出しやすいようにと、俵を1つ分ずらしてうめていたことの名残り。

## 屋形と方位

土俵の上には、つり屋根式の屋形があります。
また、土俵を見る方向に、呼び名がつけられています。

**蛇の目の砂**
勝負俵と徳俵の外側には足などが着いたときにわかりやすいように砂をしいています。土俵中央に2本引いてある白い線です。これより前には手を着いてはいけないということを示します。

**仕切り線**

**上げ俵**
角俵の四すみの俵。

**ふみ俵**
土俵に上り下りする時に足をかけるための俵。

勝負俵と徳俵から外へ出ると負けだ。この範囲を"土俵"と呼ぶこともある。

### 屋形
天井から2本のワイヤーロープでつり下げられている屋根。両国国技館のものは、重さ6・25トンあります。

### 水引幕
取組で熱くなった土俵を、水でしずめる意味があるとされます。紫の地に、桜の紋が染めぬかれています。

### 房
水引幕の真ん中と屋形の四すみに、青（緑）、赤、白、黒の房があります。4つの色は、季節、方位、方位を守る神を表しています。

＊本来、房は、水引幕の真ん中にある揚巻をさす。

水引幕→
青房→ 春、東、青龍を表す。
赤房→ 夏、南、朱雀を表す。
揚巻 しぼり房ともいう。
白房 秋、西、白虎を表す。
黒房 冬、北、玄武を表す。
向正面
東
西
正面

行司を正面に見る方位を正面とし、向正面、東西がある。実際の方角の東西とは合っていない。

### 江戸時代にできた"土俵"

江戸時代初期までは土俵はありませんでした。見物する人たちが輪のように取り囲む中で相撲が取られ、相手をたおすか、人垣の中におしたおすかすれば勝ちでした。しかし、それでは危険なので、やがて人垣の代わりに土俵を作るようになったと考えられています。
土俵ができたことで、そこから出せば勝ちになる範囲が決まりました。そのため、投げ技のほかに、寄り切りや押し出しなどの技ができました。

『住吉祭礼・賀茂競馬図屏風』（部分）（堺市博物館所蔵）
江戸時代初期の相撲。人の輪の中で相撲を取っている。

第二次世界大戦の直後まで、屋形は土俵の周りに立てられた4本の柱で支えられていた。柱にはそれぞれ、青（緑）、赤、白、黒の布が巻かれていた。昭和27（1952）年九月場所から、現在のようなつり屋根に変わり、4色の房をつるすようになった。

# 土俵には神がいる⁉

## 土俵の作り方

土俵を作ることを「土俵築」といいます。土俵を作るのは、呼出し（→30ページ）の仕事です。本場所の5日前から、40人ほどの呼出しが、ほぼ総出で、手作業で作ります。土俵にうめる俵も、毎回新しく作っています。

土俵ができあがるまでに、3日間かかります。

※東京の国技館で行われる場所では、前の場所の土俵が残してあるので、それをこわすところから始める（上から約20cmをこわして土を入れかえる）。地方場所では、全部作り直す。

土俵は、本場所ごとに新しく作られます。本場所が行われる期間は、土俵に神をむかえていると考えられています。

あらなわでわらをしばり、俵を作る。土を入れ、棒でついて固める。勝負俵には、かたさを出すため、土に砂利を混ぜる。

土を入れた俵を、ビールびんでたたいて、形を整える。

表面や側面をたたいて固める。

タタキ

土を盛り、水をまきながら形を整える。人が足でふむほか、タコなどの道具を使って土をしめ、土俵の形を作っていく。

タコ

エナメルという塗料を使って仕切り線を引く。

みぞをほり、高さがそろうように調整しながら、決まった位置に俵を入れていく。土俵の真ん中に、一辺約15cmの四角い穴を開ける。

土俵を作るのに使う土は、ねん土質のものが適している。国技館では約10tの土を、地方場所では約40tもの土を使う。埼玉県川越市でとれる荒木田土がよいとされている。

# 神をむかえ、神を送る

本場所の初日の前の日の朝に、土俵に神をむかえるための土俵祭が行われます。また、本場所の最終日、千秋楽には、神を送る儀式が行われます。

## 土俵祭の手順

土俵の中央に、ぬさ（けがれをはらう白い紙）を立てる。神職（神主）の衣装を着た行司が、祭主（祭りの主催者）になり、祝詞（神への言葉）を述べる。

ぬさを、土俵の四すみに置き、土俵に酒を注いだ後、祭主が、「方屋開口」を述べる。「方屋」は土俵場のことで、「方屋開口」は、土俵ができたいわれを告げるもの。

「方屋開口」

天地開け始まりてより、陰陽に分かり、清く明らかなるものは陽にして上にあり、これを勝ちと名づく。重くにごれるもの陰にして下にあり、これを負けと名づく…（略）

### 土俵にうめる "しずめ物"

塩、するめ、洗米、昆布、勝栗、カヤの実

白い素焼きの器に入れて、奉書紙で包み、水引をかけてうめる。

土俵の中央の穴に、縁起がよいとされる昆布、勝栗、するめなどのしずめ物を納め、酒を注いで土をかぶせる。この後、徳俵に酒を注ぐ。

## 神送りの儀式

千秋楽に、優勝力士の表彰式など、すべての行事が終わった後に、神送りの儀式が行われる。次の場所に初めて番付にのる力士たちが、土俵上で神に見立てた人（行司など）を胴上げして、土俵に来ていた神を送り出す儀式だ。

写真／日本相撲協会

土俵祭は、豊かな作物の実りや国の平和、そして、これから行われる場所中の安全を神に願うために行われる行事だ。日本相撲協会の理事長、審判部長、副部長、審判委員、三役以上の力士、全行司も参加する。一般にも公開されている。

# 15日間の熱戦　本場所

1年に6回開かれる大相撲の公式戦を、本場所といいます。一場所は15日間で、連日、力士たちの取組が行われます。

## 本場所の日程と取組

本場所は、1年に6回、奇数の月に開かれます。それぞれの場所は、第2日曜日に始まり、第4日曜日に終わる15日間とされています。

幕内と十両の力士は、毎日1番ずつ取組をして、一場所で計15番取りをします。幕下以下の力士は、ほぼ1日おきに1番取り、一場所全部で7番の取組をします。

### 本場所の日程の例

|   | 日 | 月 | 火 | 水 | 木 | 金 | 土 |
|---|---|---|---|---|---|---|---|
|   |   |   | 1 | 2 | 3 | 4 | 5 |
|   | 6 | 7 | 8 | 9 | 10 | 11 | 12 |
| 初日 | 13 | 14 | 15 | 16 | 17 | 18 | 19 |
| 中日 | 20 | 21 | 22 | 23 | 24 | 25 | 26 |
| 千秋楽！（最終日） | 27 | 28 | 29 | 30 | 31 |   |   |

☐ 本場所の期間

## 最多勝力士が優勝

力士たちは、幕内、十両、幕下、三段目、序二段、序ノ口の6つの階級（段）（→15ページ）に分かれて取組をします。

それぞれの階級で、最も多く勝った力士が優勝力士として表彰されます。同じ階級で、最多勝力士が2人以上いる場合は、優勝決定戦が行われます。

## 対戦相手はこう決まる！取組編成会議

どの力士が対戦するか、本場所の毎日の取組は、取組編成会議で決まります。初日と2日目の取組は、初日の2日前に決めておき、3日目以降の取組は、それぞれの前日の午前中に決めていきます。千秋楽の取組は、14日目の夕方に決められます。

取組編成会議では、全力士の名前が書いてある「巻」という長い紙を前にして、力士たちの前日までの成績などを考慮し、話し合って決めていきます。対戦相手が決まった力士の名前の上には白い碁石を置き、ダブったりもれたりしないようにしています。

審判部長、審判副部長、審判委員が取組編成会議に参加する。

現在の本場所は、一月場所（初場所、東京）、三月場所（春場所、大阪）、五月場所（夏場所、東京）、七月場所（名古屋場所、名古屋）、九月場所（秋場所、東京）、十一月場所（九州場所、福岡）の、一年間に6回。

# 本場所の一日

## 真剣勝負の10時間

本場所の開場は、午前8時です。寄せ太鼓に始まって、夕方のはね太鼓に送られるまで、激しい熱戦がくり広げられます。

本場所の一日は、朝早くから始まります。上位力士の取組から始まり、下位の力士の取組へと進んでいきます。

### 午前8時ごろ — 寄せ太鼓、開場

やぐらの上で、「寄せ太鼓」が、約30分間打たれ、開場を知らせる。太鼓を打つのは、呼出しの役目。

### 午前8時30分ごろ〜 — 前相撲

新しく弟子入りした力士たちが相撲を取る。3日目から行われる（三月場所では2日目から）。

### 午前8時35分ごろ〜 — 序ノ口から幕下の取組

序ノ口、序二段、三段目、幕下と、下の階級から取組が進んでいく。

午前中は、観客も少ないぞ。

### 午後2時ごろ〜 — 幕内力士 場所入り

午後になると、幕内の力士たちが到着（場所入り）する。支度部屋で、対戦の準備を始める。

### 午後2時15分ごろ〜 — 十両力士 土俵入り

十両の力士が、化粧まわしをつけ、東西に分かれて、それぞれ土俵に上がる（土俵入り）。

### 午後2時35分ごろ〜 — 十両力士の取組

十両の力士による対戦が進む。十両以上と幕下の一部の対戦では、仕切りの時に塩がまかれる。

### 午後3時40分ごろ〜 — 幕内力士 土俵入り

横綱以外の幕内力士が、東西に分かれ、それぞれ、化粧まわしをつけて、土俵入りをする。

---

本場所で、力士が取組の準備をする場所を支度部屋という。化粧まわしなどの力士の道具が入った"明け荷"が置かれ、力士たちはまげをゆってもらったり、準備運動をしたりして出番を待つ。

呼出しが、一日が終わったことを示す「柝」を打つ（打ち出し）。やぐらの上では、「はね太鼓」が打たれる。

午後5時55分ごろ〜

午後5時50分ごろ〜

**結びの一番**
その日の最後の取組（結びの一番）が行われる。

**弓取式・打ち出し**

→結びの一番に勝った力士に代わって、幕下以下の力士が土俵上で弓を受け、所作を行う弓取式が行われる。

写真／日本相撲協会

↓その日の取組は、場内の掲示板に表示される。勝った力士の名前にランプがつく。両方にランプがついているところは、今から行われる取組を示す。

←幕内力士の取組が進む。テレビ中継されるのは、主にここ。

午後4時10分ごろ〜

**幕内力士の取組**

**結びの一番**

幕内力士の対戦。 十両力士の対戦。

| 豪栄道 | 御嶽海 | 琴奨菊 | 宝富士 | 玉鷲 | 隠岐の海 | 千代大龍 | 魁聖 | 松鳳山 | 勢 | 千代の国 | 千代翔馬 | 大翔丸 | 大竜馬 | 朝乃山 | 遠藤 | 中 | 豊富士 | 千代ノ皇 | 旭秀鵬 | 山口 | 徳勝龍 | 大砂嵐 | 明生 | 豊響 | 佐田の海 | 臥牙丸 | 琴恵光 |
|---|---|---|---|---|---|---|---|---|---|---|---|---|---|---|---|---|---|---|---|---|---|---|---|---|---|---|---|
| 白鵬 | 嘉風 | 逸ノ城 | 阿武咲 | 北勝富士 | 貴景勝 | 大栄翔 | 栃煌山 | 豪風 | 荒鷲 | 妙義龍 | 栃ノ心 | 錦木 | 正代 | 千代丸 | 輝 | 入 | 菅国東 | 石浦 | 照強 | 竜電 | 旭大星 | 旭日山 | 阿炎 | 東龍 | 隆の勝 | 天風 | 幸乃山 |

午後3時55分ごろ〜

約10分の休憩（中入という）。

**横綱土俵入り**

横綱が、つゆはらいと太刀持ちをともなって、土俵入りをする。大きな声援や拍手が起こる。

午後4時ごろ〜

**顔ぶれ言上**
中入の間に、行司が次の日の取組を知らせる。

写真／日本相撲協会

弓取式は、結びの一番の勝ち力士に代わって弓をあたえられ、その弓を回したりふったりしながら相撲の所作を行う儀式。以前は千秋楽だけに行っていたが、昭和27（1952）年から毎日になった。弓を落としても、手で拾わず、足で拾い上げる。

# 力士のランキング

## 番付表

全力士を、地位の順に並べたランキングを、番付といいます。これを1枚の紙に表したものが番付表です。

### 番付表とその見方

番付は、番付編成会議で、本場所ごとに決められます。新しい番付にそって、番付表も本場所ごとにつくられます。番付表には、行司や審判委員（親方）たちの名前ものっています。いずれも、ランキングの上位は大きな文字で、下になるほど小さな文字で書かれています。

**蒙御免（ごめんこうむる）**
江戸時代に使われた言葉で、興行する許可を得ていることを表す。

あ！上がってる♡

東

西

開催期間・場所

番付表は、本場所ごとに約55万枚印刷される。番付発表日になると、力士たちが日本相撲協会に行って、自分の相撲部屋の分を受け取る。部屋では、番付表に部屋の名前のはんこなどをおして後援者などに郵送する。

## 東西

番付表の右側に東方、左側に西方の力士の名前が書いてある。番付表で東西を分けているのは、昔、東西に分かれて対抗戦をしていたことのなごり。

ランキングと力士の出身地が一目瞭然！コンパクトなスグレモノだ。

番付表の大きさは、縦58cm、横44cm。（下は、表の青い円の部分の実際の大きさ。）

**（一段目）**
**幕内力士（横綱・大関・関脇・小結・前頭）**
最上段に、大きい文字で書いてある。東と西では、東の方がランクが上。

**行司**

**（二段目）**
**十両・幕下の力士**
十両以下の力士も、番付表では、「前頭」と表記される。

**（三段目）**
**三段目の力士**

**審判委員**

**（四段目）**
**序二段の力士**

「同」の字の略。

**（五段目）**
**序ノ口の力士、理事、委員、呼出し、床山など**

**千穐万歳大々叶**
いつまでも大入りが続くように願う言葉。

## 番付表を書くのは行司

番付表の文字を書く練習をする行司。慎重に書く。
写真／荒汐部屋

次の場所の力士たちの地位が決まると、番付表作りが始まります。番付表を書くのは行司の仕事で、担当の行司が、縦110cm、横80cmほどの紙に筆で書いていきます。番付表の文字は独特の書体で、「相撲文字」、「根岸流」と呼ばれます。

番付表が書き上がるまでには、10日から2週間かかります。書き上がった番付表は、およそ4分の1の大きさに縮めて、和紙に印刷されます。

## 番付表が横長の時もあった

約300年前の江戸時代に、力士の名前を板に書いていた看板が、番付表のもとになったと考えられています。その後、東西の力士の名前を別々に書いた横長の2枚の紙が番付表として作られました（写真）。

京都や大阪では、明治時代になるまでこのような横長の番付表が使われていました。18世紀後半、江戸（現在の東京）で、今のような縦長の番付表が登場しました。

写真／日本相撲協会

横長の番付表。上は東方の力士、下は西方の力士の名前が書いてある。

番付表では、序ノ口や序二段など、地位が下の力士の名前は、たいへん小さく書かれ、虫めがねがないと読めないほどなので、下位力士のことを「虫めがね」と呼ぶことがある。

# 勝負の主役 力士

長い伝統のある世界に身を置いて、日々鍛錬を積んでいる優れたアスリートでもあります。

## まげ、まわし、しこ名。土俵上でたたかう。

力士は、もともとは、力の強い男の人をさす言葉でしたが、次第に相撲を取る人をいうようになりました。今では主に大相撲の本場所などでたたかう人をいい、相撲取り、お相撲さんとも呼ばれます。英語では、sumo wrestlerといいます。

日々きたえながら体を作っているので、大きな体には、脂肪だけでなく、筋肉もついています。

大相撲は、ボクシングや柔道などとちがい、体重によるクラス分けはありません。たとえ、100kgの体重差があっても取組をすることがあり、軽い力士が勝つこともあります。

体の小さい力士が大きな力士をたおすのも、大相撲のおもしろさのひとつだ。

### ●力士の体型 「あんこ型」と「ソップ型」

力士の体型には、独特の呼び方があります。ひとつは、でっぷり太って腹が出ている体型。魚のあんこうに似ていることから、「あんこ型」といわれます。もうひとつは、やせ型で筋肉質の「ソップ型」。だしをとる鶏ガラ(骨)をソップといい、そのイメージがあることからこう呼ばれています。どちらも「鍋」の食材に由来しています。

力士の体重としては、100kgは軽い方で、200kgをこえる力士もいる。幕内力士の平均体重は、平成29年九月場所で164.3kg。だんだん重くなってきている。

# 力士の階級

大相撲では、下から順に、序ノ口、序二段、三段目、幕下、十両（十枚目）、幕内という6つの階級（段）があります。

本場所では、よい成績を残すと、地位が上がっていきます。それにともなって、服装やまげ、給料などが変わっていきます。一番大きく変わるのは、幕下から十両に上がる時です。十両以上の力士が関取と呼ばれ、一人前とされます。

全体で、620〜670人の力士がいる。

### 横綱
力士の中の最高位。横綱は、下の地位に下がることはない。

### 三役
もともと、大関、関脇、小結をさすが、最近では大関をふくめない意味合いで使う場合もある。

### 前頭（平幕）
役のない幕内という意味で、平幕ともいう。

### 十両

正式には、十枚目という。給料がもらえるようになり、一人前の力士と見なされる。大いちょうというまげをゆい、化粧まわしをつけて土俵入りができる。羽織袴を着ることができる。付け人がつく。定員28人。

十両以上は、けいこでは白いまわし。

大きな差！

ピラミッド図：
- 横綱
- 大関　→ 大関昇進！
- 関脇
- 小結　→ 晴れて三役に！
- 前頭　→ 入幕！
- 十両（十枚目）　→ ようやく一人前
- 幕下
- 三段目
- 序二段
- 序ノ口

### → 幕内
最も上の階級。上から、横綱、大関、関脇、小結、前頭という地位がある。定員42人。自分のしこ名を染めぬいた着物を着ることができる。

### → 関取
幕内と十両の力士を関取という。「〇〇関」のように、しこ名の後に「関」をつけて呼ばれるようになる。

幕下以下は、正式には力士養成員という立場。

### 幕下

博多帯という帯をしめることができる。また、外套やマフラーをつけ、番傘をさすことができる。定員120人。

幕下以下は、けいこでは黒いまわし。

### 三段目

黒足袋とエナメルの雪駄（はき物）が許されている。公式の場では、羽織を着ることができる。定員200人。

### 序ノ口・序二段

序ノ口は、最も下の階級で、力士が初めて番付表に名前がのる地位。次の序二段は、6つの階級の中で最も人数が多い。どちらも定員の制限はない。ゆかた姿で、はだしに下駄をはく。

本場所でよい成績を上げるほど地位が上がるが、何勝したから何枚上がると決まっているわけではない。上位の力士の多くがよい成績を出していると、それほど上がれないこともあり、また、その逆もある。

# 力士の一日

力士たちは、ふだん、所属している相撲部屋で、同じ部屋の力士と生活をともにしています。強くなるために、毎日、厳しいけいこをしています。

## けいこと食事が中心

本場所や巡業がない時期は、力士たちは、それぞれの相撲部屋でけいこにはげみます。また、よく食べてよくねて体重を増やすのも、大事なけいこの一部だとされます。力士たちの食事は、1日2回が標準です。

けいこ場で、股割りをする力士。
写真／日本相撲協会

番付が下の力士からけいこを始めるのだ。

### 午前5〜6時ごろ — 起床

番付が下の力士から起きる。朝食はとらず、歯みがきなどをすませたら、まわしをつけてけいこ場に向かう。

### 午前6時ごろ — けいこを始める

しこ、股割り、すり足、てっぽうなどの基本のけいこを始める。関取（十両以上）がけいこを始めるのは8時ごろ。

### 午前9時ごろ〜 — 土俵でのけいこ

三番げいこ、申し合い、ぶつかりげいこなど、土俵で行うけいこが始まる。これらのけいこは、10時過ぎから11時ごろまで続く。終わるとふろに入って体をきれいにする。

### 午前11時〜午後1時 — ちゃんこ（昼食）

幕下以下の力士が準備して、親方や関取から食事を始める。幕下以下の力士は、その間、関取たちの後ろに立って給仕をし、関取たちの後で食事をする。

相撲部屋では、幕下以下の力士は大部屋で過ごす。食事もねるのも、いっしょだ。各部屋の事情によって多少のちがいはあるが、基本的には、個室があたえられるのは、十両以上になってから。

## 力士の食事は「ちゃんこ」

相撲の世界では、食事のことを「ちゃんこ」と呼びます。相撲部屋の食事の多くは鍋物です。調理が簡単で、いろいろな味つけができ、栄養も豊富というのがその理由のようです。部屋ごとに自慢の味があります。

それらを「ちゃんこ鍋」と呼ぶことがありますが、鍋物に限らず、ハンバーグでもスパゲティでも、力士が作って部屋で食べるものは、何でも「ちゃんこ」といいます。

写真／荒汐部屋

食事をする力士たち。

---

**午後2〜4時ごろ　昼寝**

食事のかたづけが終わったら、2時間ほど昼寝をする。

**午後4〜6時ごろ　そうじなど**

けいこ場などのそうじをする。関取は、自由時間。

**午後7時ごろ〜　自由時間**

遊びに行ったり、ジムで体をきたえたりと、それぞれに自由に過ごす。

**午後10時ごろ　就寝**

早朝からのけいこに備えて、ねる。

**午後6〜7時ごろ　ちゃんこ（夕食）　ごっつぁんです**

2回目の食事。鍋物が多いが、そうでないこともある。部屋によっては、自由に外食してよい日を設けているところもある。

**ちゃんこの準備**

夕方のちゃんこ（食事）当番の力士は、"ちゃんこ番"と呼ばれ、その準備をする。

---

相撲部屋でのちゃんこ（食事）の準備は、幕下以下の力士に任される。年上の力士が責任者となり、若い力士たちが数人ずつ当番を交代して準備するのが一般的。力士の中には、引退後、ちゃんこ料理屋を開く人もいる。

# 42人の猛者たち

## 幕内（まくうち）

600名以上いる力士のうち、上位42名によるトップリーグ。経験、技、気迫の充実した取組が続きます。

写真／日本相撲協会

幕内力士同士の取組。

### 横綱から前頭まで

横綱、大関、関脇、小結、前頭の力士を幕内力士と呼びます。幕内力士は、全部で42人までと決まっていて、本場所で幕内優勝を争います。

横綱に次ぐ高い地位が大関です。関脇か小結の力士が、2～3場所続けて成績がよいと大関になれます。しかし、大関が2場所続けて負けこすと、関脇に下がります。1場所負けこして、大関の地位が危ない状態を「カド番」といいます。

横綱は不在のこともありますが、大関・関脇・小結は、東と西に必ず1人以上いることが決まりです。前頭の人数は、上位力士の人数によって変わり、幕内が合計42名になるように調整されます。ひとつ前の本場所の成績によって、力士の地位や東西は決まります。

### 幕内力士の構成（平成30年一月場所の例）

| 東 | 地位 | 西 |
|---|---|---|
| 白鵬 | 横綱 | 稀勢の里 |
| 鶴竜 | 横綱 |  |
| 豪栄道 | 大関 | 高安 |
| 御嶽海 | 関脇 | 玉鷲 |
| 貴景勝 | 小結 | 阿武咲 |
| 北勝富士 | 前頭筆頭 | 逸ノ城 |
| 嘉風 | 前頭二枚目 | 琴奨菊 |
| 千代大龍 | 前頭三枚目 | 栃ノ心 |
| 正代 | 前頭四枚目 | 荒鷲 |
| 隠岐の海 | 前頭五枚目 | 遠藤 |
| 宝富士 | 前頭六枚目 | 勢 |
| 千代翔馬 | 前頭七枚目 | 千代の国 |
| 栃煌山 | 前頭八枚目 | 魁聖 |
| 松鳳山 | 前頭九枚目 | 千代丸 |
| 照ノ富士 | 前頭十枚目 | 安美錦 |
| 琴勇輝 | 前頭十一枚目 | 大翔丸 |
| 蒼国来 | 前頭十二枚目 | 輝 |
| 豪風 | 前頭十三枚目 | 大栄翔 |
| 阿炎 | 前頭十四枚目 | 豊山 |
| 石浦 | 前頭十五枚目 | 錦木 |
| 竜電 | 前頭十六枚目 | 朝乃山 |
| 大奄美 | 前頭十七枚目 |  |

江戸時代に、将軍が相撲を見る時、幕をはってしきりを作り、上位の力士だけがその中でひかえることを許された。そこで、上位の力士を幕内力士と呼ぶようになったといわれている。「まくうち」「まくのうち」のどちらの読みもまちがいではない。

はなやかな土俵入りは、大相撲の見どころのひとつだな。

土俵入りをする幕内の力士。化粧まわしという特別なまわしをつけている。
写真／日本相撲協会

## 幕内力士の土俵入り

幕内土俵入りでは、横綱以外の幕内力士が、取組の前に、東方と西方に分かれ、それぞれそろって土俵入りをします。土俵入りには、観客に力士を紹介する意味と、地の邪気をはらい、土俵を清める意味があります。力士たちの所作にも意味があります。

全員土俵に上がったら、内側を向き、かしわ手を打つ。

右手を上げた後、化粧まわしのはしを持って、少し上げる。これは、四股をふむ動作を略したもの。

土俵に上がり、勝負俵と徳俵の外側を回り、観客の方を向いて並ぶ。

両手を上げる（武器を持っていないことを示す）。終わったら、順に土俵を降りる。

## ねらえ、金星！平幕力士の活躍

下位の力士が横綱・大関に簡単に勝ったり、まして優勝したりするのは簡単なことではありません。前頭（平幕）の力士が横綱に勝つことはめずらしく、勝った時は「金星をあげた」として、たいへん名誉なこととされます。

さらに、前頭の力士が優勝することを、平幕優勝といいますが、これは、5、6年に一度あるかないかという、めずらしいことです。

本場所の取組は基本的には、地位の近い力士同士が当たるように組まれるため、前頭の下位の力士は、横綱や大関と対戦することはめったにありません。しかし、勝ち星を多くあげていると、終盤戦で上位力士と当たることもあります。力士にとって、結びの一番で横綱と当たるのは、ひとつの目標であり、強くなるチャンスです。また、観客も、たとえ負けても下位の力士が上位の力士に対して元気な相撲を取ることを楽しみにしています。

どんとこい

金星とるぞ！

関脇以下で活躍した力士には、殊勲賞、敢闘賞、技能賞がおくられる。これらの賞をあわせて三賞という。三賞は、ひとりで2つ以上受けることや、同じ賞が2人におくられることもある。同時に三賞全部を受賞した例もある。

# 力士の最高位 横綱

力士の最高の地位である横綱。強さはもちろん、品格も、特に優れていると認められた力士がなります。

つゆはらい

写真／日本相撲協会

## 綱をしめることを許された強くて気高い特別な存在

大関の地位にある力士が、2場所連続優勝かそれに近い成績を上げるのが、横綱になる目安です。ただし、他の階級への昇進とちがい、成績だけでは決められません。

日本相撲協会から新横綱に授けられる横綱推挙状には、「品格力量抜群に付き横綱に推挙する」（品格力量とも に抜群であるので横綱に推挙する）と書かれています。品格とは、相撲の作法や美意識を大切にし、それを後進に伝えていく考えを備えた人間性ということです。

多くの力士の中で横綱になれるのは、およそ200人に一人といわれます。18世紀半ばから今日までのおよそ250年間に、わずか72人ほどしかなっていません。一度横綱になると、地位が下がることはありませんが、成績などが、横綱にふさわしくなくなれば、引退するしかないという厳しい地位です。

横綱は、力士たちがみなめざす、"頂点" なのだ！

横綱になれる成績をおさめた力士が出ると、日本相撲協会が、横綱審議委員会（協会以外の委員による委員会）にうかがいを立てる。横綱審議委員会が賛成し、協会の理事会が認めて正式に新横綱の誕生となり、横綱推挙状が授与される。

## 横綱の土俵入り

本場所では、横綱は、毎日化粧まわしの上に綱をしめて土俵入りをします。かしわ手を打ち、四股をふんだ後、せり上がりといって、じょじょに体を起こす所作をします。横綱土俵入りには、雲竜型と不知火型の2つの型があり、それぞれに決まった綱の形があります。

### 雲竜型

せり上がりの時、左手をわき腹につける。綱は、輪がひとつ。

### 不知火型

←せり上がりの時、両手を大きく広げる。綱は、輪が2つ。

↑横綱の土俵入りは、2人の力士を、太刀持ちとつゆはらいとしてしたがえて行われる。番付が上の力士が太刀持ちを務める。

太刀持ち

## 江戸時代に生まれた"横綱"

江戸時代の18世紀半ばまでは、力士の最も高い地位は大関でした。18世紀後半に、強い力士が化粧まわしの上に黒と白の綱を巻くことが流行しました。後に、谷風と小野川という人気力士が、特別に白い綱をしめ、神社などにある注連縄のように、紙垂(いなずまの形にした紙)をつけて土俵入りをしました。邪気をはらう意味がある)をつけて土俵入りをしました。綱は横綱と呼ばれ、その後も、強豪大関が横綱をしめて土俵入りをするようになりました。それができるのは、特に許された大関だけだったので、次第に横綱が、大関より上の地位と見られるようになったのです。

「横綱」の文字が番付表にのったのは、明治23(1890)年で、横綱が正式な地位になったのは、明治42(1909)年のことです。

江戸時代の人気力士、谷風。横綱をしめることを許された強豪大関のひとりだった。

横綱土俵入りの型の名前になっている「雲竜」と「不知火」は、ともに江戸時代末期の横綱の名前。なお、横綱がしめる〝横綱〟は、銅線をしんにした麻のなわに白布を巻き、これを3本つくってより合わせ、中央が太くなるようにしてつくる。

# 力士の呼び名

## しこ名

多くの力士は、本名とは別につけた、力士としての名、「しこ名」で相撲を取ります。

### しこ名って何？

「〇〇山△太郎」、「◆◆海●助」のように、本名とは別につけた相撲を取る時に使う名前を、「しこ名」といいます。「醜」は、「みにく（い）」と読みますが、この場合は、「強くたくましい」という意味が強い使い方です。「大した名前ではありません」と、へりくだる意味もあります。また、力士が四股をふむことから「四股名」と書くこともあります。

番付表に初めて名前がのる時や、階級が上がった時などにしこ名をつけることが多いですが、ずっと本名を名乗る力士もいます。

けがをしたり、成績がよくなかったりした時に、気分を変えようと、しこ名を変える力士もいます。「貴ノ花」→「貴乃花」のように、読み方は変えずに1字だけ変えることもあります。

旭國　輪島　大鵬　朝潮　鏡里　常陸山

若乃花　羽黒山　琴櫻　千代の富士　柏戸　栃錦

益荒雄　魁皇　玉の海　曙　西ノ海　武蔵丸

双葉山　明武谷　鬼雷砲　北勝力　藤ノ川　栃東

しこ名は、師匠である自分の部屋の親方につけてもらうことが多い。そのほかに、力士が自分で考えて親方に希望を言ったり、親や学生時代に指導を受けた先生などにつけてもらったりすることもある。

# しこ名のいろいろ

しこ名のつけ方にもいろいろあります。

## 出身地の地名や名勝の名を入れたもの

ふるさとの地名や名勝の名を入れたしこ名は多く見られます。「隠岐の海（島根県の隠岐諸島から）」、「霧島（鹿児島県の山）」など、地元からの声援が聞こえてきそうです。

故郷ににしきをかざるぞ！

## 強そうな動物の名を入れたもの

「龍」「虎」「麒麟（伝説の動物）」「鳳（伝説の鳥）」などが使われます。「龍虎」、「大麒麟」、「鳳凰」など。

## 相撲部屋に代々伝わる名前

高砂部屋の「小錦八十吉」、二子山部屋の「若乃花」のように、相撲部屋に代々伝わるしこ名もあります。この場合、「初代小錦八十吉」、「二代小錦八十吉」、「三代小錦八十吉」…のように、区別して呼びます。

## 日本の美しい自然に由来するもの

「桜」「富士」「富士桜」、「豊桜」などは多くあります。

きみなら、どんなしこ名をつけてみたいかな。

## 相撲部屋ごとに決まった名前

佐渡ヶ嶽部屋の「琴」、九重部屋の「千代」など、ほとんどの力士に部屋ゆかりの言葉をつける名があります。「琴奨菊」「千代大海」など。しこ名から、所属部屋がわかる名です。

## 遠い故郷にちなんだ外国出身力士の名

エストニア出身の「把瑠都」は、エストニアが面しているバルト海から、アルゼンチン出身の「星安出寿」は、アンデス山脈からつけた名です。ロシア出身の「阿夢露」は、故郷にある川のアムールに、所属する阿武松部屋の「阿」、夢を持つ意味で「夢」、ロシアの漢字表記から「露」をあてた名です。

## 変わったしこ名、大集合

とんちのような変わったしこ名もあります。

- い 一 （かながしら はじめ）　昭和時代
「い」は「いろは…」の「い」で、かなの初め（頭）だから。
- 九 九ノ助 （いちじく きゅうのすけ）　明治時代
「九」が一字で、「いちじ・く」。
- 青鬼 勝 （あおおに まさる）　昭和時代
- 赤鬼 豊 （あかおに ゆたか）　昭和時代〜平成
同じ部屋にいた2人の力士
- 猪シ 鍋吉 （いのしし なべきち）　明治時代
「いのしし鍋」から
- 黒猫 白吉 （くろねこ しろきち）　明治時代
- 月ノ輪 熊之介 （つきのわ くまのすけ）　平成
- 牛若丸 悟嘉 （うしわかまる さとよし）　昭和時代
源義経の子どものころの名前から。
- 三毛猫 泣太郎 （みけねこ なきたろう）　明治時代
- 自転車 早吉 （じてんしゃ はやきち）　明治時代
- 文明 開化 （ぶんめい かいか）　明治時代
- 大丈夫 吾三郎 （だいじょうぶ ごさぶろう）　明治時代
- 宇瑠虎 太郎 （うるとら たろう）　平成
- 馬鹿の 勇介 （ばかの ゆうすけ）　明治時代
- 文明 開化 （でこぼこ たきち）　明治時代
- 李 大源 （り でうぉん）　平成
「り」一文字で、最も短いしこ名。

幕内上位の力士が本名のまま相撲を取ることは少ないが、第72代までの横綱の中で、第54代横綱の輪島大士は、本名の姓を名乗ったただひとりの横綱だ（日本国籍を取得してしこ名を本名にした曙と武蔵丸の例は除く）。

# 力士の競技用装備 まわし

まわしは、1枚の長い布を細長く折ったものです。「褌（みつ）」ともいいます。

## 勝負を分ける!? 唯一の必須アイテム

取組やけいこの時に、力士が身に着けるのは、まわしだけです。取組ではつかんで投げなどを打つこともあり、勝負の大きなポイントともなるものです。

前
- 前袋（前立て褌）
- 前褌（前まわし）

後ろ
- 立て褌（立てまわし／後ろ立て褌）
- 横褌（横まわし）

## まわしのしめ方

長さ9m、はば80cmの長い布を縦に細く折り、ほかの人に手伝ってもらいながらしめます。

**1** 立て褌になるところを縦に八つ折りにする。前袋になるところは広げ、先の方をまたいで、足の間にはさむ。

**6** 前垂れを四つ折りにし、自分から見て右側に折り、三角をつくる。

## まわしの種類

まわしには、種類が3つあります。

1つ目は「けいこまわし」。けいこの時に着けるまわしで、素材は綿、色は、幕下以下が黒、十両以上が白と決まっています。幕下以下の力士が身に着けるのは、この「けいこまわし」だけです。

2つ目は「しめこみ」。本場所で十両以上の力士がしめているまわしです。博多織のしゅすという布で作られています。色は、黒か紺、紫系にするという決まりがありますが、実際にはさまざまな色のまわしが見られます。

3つ目は「化粧まわし」。十両以上の力士が土俵入りする時に着けるまわしです。はなやかなししゅうなどがほどこされ、すそには朱色や金色の房（馬簾）がつけられています。

化粧まわし
重さは約10kg！

一見、形状がちがって見える化粧まわしは、実は、広げた形は、ほかのまわしと同じで、1枚の布だ。長い布の先端の部分を折りたたまないで前に垂らし、そこに装飾をほどこしている。

### 5

その上からまわしをしめて、1周させる。

### 4

あごでおさえていた部分をおろす（前垂れ）。

### 3

長い方を人に持ってもらい、自分で体を回して、腰に2周巻き、ぴったり重ねる。

### 2

まわしの先をあごでおさえ、立て褌を、右手に持ちかえる。

### 10

右上に通して強くしめ、結ぶ。

### 9

先を左ななめ下におろす。

### 8

先を八つ折りにして、立て褌の下を通し、横まわしの下から引き出す。

### 7

もう1周巻いて、よくしめる。上からよくたたく。

## まわしにはさむ"さがり"とは？

江戸時代に、まわしがごうかになり、幕内力士は今の化粧まわしのようなまわしで相撲を取っていました。しかし、それだと前垂れが取組中のじゃまなので、今のような「さがり」に変わったとされています。十両以上の力士は、垂れた細長い部分を、「ふのり」という糊で固めて、まっすぐな棒状にしています。縁起のよいように、本数は奇数にします。本場所の前に、力士自身が固めます。

本数は、13、15、17本など。

棒のように固め、先だけ平らにしてある。

## 洗濯しないって本当？

まわしを水洗いすると、生地が弱くなるため、基本的に洗濯はしません。使った後は、どろなどを落として日に当てておきます。消毒用アルコールできれいにすることもあります。

 幕下以下の力士のさがりは、関取のものとちがって、ふのりで固めないので、だらりと垂れ下がっている。さがりが、まわしからすぐはずれるようになっているのは、取組中に指にからまったりしてけがをするのを防ぐため。

# 大相撲を支える人① 取組の進行役 行司

美しい装束に身を包み、土俵には命がけで上がります。

## 行司の役割

土俵上で勝負をさばくほかにも、さまざまな仕事をしています。

力士にぶつからないように、細心の注意をはらって動く。審判長が座る正面には、できるだけ背を向けない。勝負の間は、力士の足元とまわしから注意をそらさず、勝ち負けの判定に集中する。

### 番付表などを書く

相撲文字を習って、番付表を書く（→13ページ）。番付表以外にも、相撲文字を使って、場内の注意書きなどを書く。また、協会の番付編成会議などでは書記を務める。

### 儀式や翌日の取組の発表

土俵祭（→7ページ）などの儀式や土俵入りの先導を行う。また、中入には翌日の取組を発表する（→11ページ）。

### 取組を進め、勝負の判定をする

力士が、仕切りから取組を始めるまで、声をかけ、立ち合わせる。取組が始まると、かけ声をかけながら、勝負のゆくえを見定め、勝った方に軍配を上げる。審判の権限はない。

### 場内アナウンスをする

会場内のアナウンスをする。力士の出身地や所属部屋などを暗記し、取組前に力士を紹介する。また、決まり手などのアナウンスもする。

### 部屋のさまざまな用事をする

後援者へのあいさつ状を出すなど自分が所属している相撲部屋で必要な仕事をし、親方やおかみさんの手助けをしている。

土俵の外での仕事もいそがしいのだ。

江戸時代の行司は、そのころの武士の衣装の「かみしも」姿をしていた。明治時代になると、まげを切ったために、かみしもは似合わなくなり、明治43（1910）年から、平安〜鎌倉時代に武士が着ていた直垂に変わった。

# 行司はどんな人？

土俵上では、直垂という装束をつけています。相撲部屋に所属し、全体で45名までと決められています。「木村○○」か「式守○○」という名前を持っていて、力士のしこ名のように、「木村○○」か「式守○○」という名前を持っています。また、力士の階級に対応する8つの階級があり、同じか自分より低い階級の力士の取組をさばきます。

## 立行司

最高位の行司。力士でいうと横綱に当たります。木村庄之助が最高の行司の名前で、次が式守伊之助です。木村庄之助は、結びの一番だけをさばきます。

**烏帽子** 頭につける。

**軍配** 東から登場した力士が勝ったら東に、西から登場した力士が勝ったら西に上げる。左利きでも、必ず右手で持つ。

軍配には、卵型のほか、ひょうたん型もある。

**短刀** 軍配を上げまちがえた時は切腹するという覚悟を示す。立行司だけが持つ。

**直垂** 昔の武士の衣装。

**房** 軍配についている。最高位の木村庄之助の房は紫で、地面まで垂れている。

**印籠** 右の腰につける。

**白足袋・草履** 白足袋に草履をはく。

## 三役格

軍配の房は赤。白足袋と草履が許され、腰に印籠をつけています。

## 十両格・幕内格

軍配の房は、十両格が青(緑)と白、幕内格が赤と白。足袋を許されています。

## 序ノ口格・序二段格・三段目格・幕下格

軍配の房の色は、黒か青(緑)。足袋ははけず、はだしで、装束のすそをまくり上げます。

# 行司のかけ声、大研究！

土俵上の行司は、さまざまなかけ声をかけています。

**〈仕切り〜立合い〉**

「かまえて」「見おうて」
「時間です」「待ったなし」
* 立合いが成立していない時。

「手をついて」「腰を下ろして」
* 立合いが成立していない時。

**─〈取組開始!!〉─**

「はっけよい」
* 動きが止まった時に「まだ勝負がついていない」「発気揚々(気を盛んに出す)」と、うながす意味がある。

「残った…」
* 動いている時に「まだ勝負がついていない」と伝える意味がある。

「まわし、待った」
* まわしがゆるんだ時、声をかけて止める。まわしをしめ直して再開する。

**─〈勝ち名乗り〉─**

「○○の山〜」
* 勝った力士の方を向き、しこ名を呼ぶ。

**─〈結びの一番〉─**

「この相撲一番にて、本日の打ち止め〜」
* 結びの触れ。千秋楽や天覧相撲など言い方がかわる場合もある。

呼出しに呼び上げられ、両力士が土俵に上がったら、行司が改めて観客に対して、だれとだれの取組なのかなどを紹介する。紹介は、奇数日は東方、偶数日は西方から行う。三役以上の力士の取組では、しこ名を二声ずつ言う。

## 大相撲を支える人② 力士のまげ担当 床山（とこやま）

床山は、力士にとって大切な"まげ"をあつかう重要な役割を担っています。

### 力士たちのまげをゆう専門職

床山は、それぞれの相撲部屋に所属し、力士たちのまげと頭髪全体をゆうのが仕事です。本場所の間は、支度部屋にひかえて、取組前や取組後の力士たちのまげをゆいます。表には出ませんが、なくてはならない存在です。「床安」、「床寿」のように「床」のつく名を名乗ります。

### 大いちょう

まげの先（または後ろのふくらみ）が、いちょうの葉の形に似ていることからこの名に。関取（十両以上の力士）の正式な場での髪型。

後ろ　前

### ちょんまげ

幕下以下の力士の髪型。関取も、ふだんはちょんまげです。床山の修業は、ちょんまげをゆうことから始まります。

### 床山の道具

専用の道具を、道具箱に入れて持ち運びます。

- **びんつけ油**：髪を固め、つやを出す。独特のにおいがある。
- **くし**：4種類のくしを使い分ける。
- **にぎりばさみ**：毛先をそろえる。
- **まげ棒**：大いちょうの広がりをつくる。
- **先しばり**：まげを整えるため、仮にしばるひも。
- **元結（もっとい）**：髪をしばるための和紙のひも。「もっとい」と言うことが多い。

床山は、義務教育を終えた19歳以下の男性を日本相撲協会が採用して相撲部屋に配属する。勤続年数などから、特等、1等、2等～5等の6等級に分かれている。平成20（2008）年一月場所から、床山も番付表にのるようになった。

# 大いちょうの ゆい方

床山は、力士の髪質や頭の形をよく知り、鏡も使わずにバランスのとれた美しいまげをゆわなければなりません。長い髪をまとめるには、うでの力も必要です。元結を歯でかんで引っ張るので、歯やあごも使います。

大いちょうをゆえるようになるまでに、最低5年はかかるのだ。

### 1
まず、髪をほぐす。ぬらしたタオルでしめらせ、くしですいてほつれがないようにする。

### 2

びんつけ油を手に取ってのばし、髪につける。

### 3

再びすいたら、髪を束ねて、まげをゆうポイントになる部分を決める。

### 4

元結をかける。

### 5

元結を下げて、ややゆるめる。まげ棒を使ってびん（わきの部分）を張り出させる。

### 6

元結でしばった少し先を先しばりでしばる。まげを折り、元結でしばり、先しばりをはずす。

### 7

まげ棒と手を使って、大いちょうが均等に広がり、なめらかに丸くなるようにする。

### 8

手で全体を整える。

## 力士と髪の話

中ぞり

髪の毛の量が多い力士が大いちょうをゆう時、まげが頭の上で安定しにくいため、あらかじめ頭頂部分をかみそりでそっておくことがあります。これを中ぞりといいます。

早く十両に上がった力士は、髪がのびるのが間に合わず、大いちょうをゆわないで出場することがあります。

一方、髪の毛がうすくなってまげがゆえなくなったら引退しなければないと言われることがありますが、そのようなきまりはありません。

負けが続くと、まげの先を少し切って、気持ちを切りかえる力士もいます。また、まげには、力士の頭部を守る役目もあると言われています。

床山は、髪をあつかいながら、力士たちの毎日を支える仕事をしているのです。

大いちょうをゆえるのは、十両以上の力士だが、幕下の力士でも、十両以上と対戦する時は大いちょうをゆう。また、弓取式やしょっきり（巡業などで、禁じ手などを紹介する出し物）に出る力士も大いちょうで土俵に上がる。

## 大相撲を支える人③ たよれる裏方

# 呼出し

独特の調子で、力士の名を呼び上げます。土俵と勝負を裏からしっかり支えています。

## 土俵やその周りを管理する

呼出しは、力士が気持ちよく相撲を取れるように土俵や土俵の周りを整備し、また、取組がスムースに進むよう、裏方として働いています。土俵を作るという、体力を使う大変な仕事もあります。

力士や行司と同じく、階級があり、立呼出し、副立呼出し、三役呼出しなど、9階級に分かれています。定員は45名です。

力士や行司とちがい、姓は名乗らず、「太郎」、「寛吉」のように呼ばれます。

力士の名前を呼び上げる美声で、土俵に緊張感が生まれるぞ。

ひがぁ～しぃ～

動きやすいように、裁着袴を着け、足袋をはいている。階級による衣装のちがいはない。

### 呼出しの道具と土俵まわりの小道具

**柝（拍子木）** 打って音を出す。

**ほうき** 土俵をはく。

**水おけとひしゃく** 力水に用いる。

**タオル** 土俵上の力士が自分で用意したものを使う。

**紙** 力水をふいたりする。力紙ともいう。

**座布団** ひかえ力士が座る。場所布団ともいう。

**塩かご** 力士がまく塩を入れる。

呼出しは、力士の名前を呼び上げる時、白いおうぎを顔の前にかざす。これには、清い土俵をつばでよごさないことや、力士に息をはきかけないという意味合いがある。

# 呼出しの仕事

力士の呼び上げ、土俵作り、太鼓打ちの三つが、呼出しの大きな仕事です。若い呼出したちは、結びの一番で呼び上げができる日を目標に、日々努力しています。

## 土俵作り

本場所の前に、土俵を作る（→6ページ）。伝統的な道具を使い、人の手だけで作る。

## 太鼓を打つ

本場所前のふれ太鼓や、本場所中の寄せ太鼓や、はね太鼓を打つ（→10・11ページ）。

## 力士の呼び上げ

取組の前に、土俵に上がって東西の力士の名前を呼び上げる。よく通る声が、場内にひびきわたる。

## 柝（拍子木）を打つ

幕内力士の土俵入りなどの時に、柝を打って音を出し、進行の合図をする。

## 土俵を整備する

土俵がかわいたら、水をまいてしめらせる。また、ほうきではき清める。

## けん賞幕を持って回る

取組にけん賞がかかっていることを示す幕を持って、土俵を1周する。

## 塩やタオルなどを用意

土俵下にいて、仕切り中の力士がまく塩などを補充したり、体をふくのに使うタオルを手わたしたりする。また、ひかえの力士が座る座布団を取りかえる。

## 制限時間いっぱいを告げる

時計係の審判から、仕切りの制限時間いっぱいの合図を受けて、立ち上がり、力士に知らせる。

「時間です」

## 世話人と若者頭

大相撲の世界には、このほかに、世話人、若者頭と呼ばれる人がいます。
世話人は、用具の保管や管理、出入り口での観客の整理、駐車場の整理、支度部屋の管理などをします。
若者頭は、幕下以下の力士の指導、土俵の進行補助などをします。力士がけがをした時は、車いすを用意します。
どちらも、幕内や十両、幕下で引退した元力士です。日本相撲協会に採用されています。

若者頭

世話人

取組中、土俵下の水おけのある所に力士が落ちてきそうな場合、呼出しは、力士がけがをしないように、水おけと自分のいすをさっとよける。土俵下で呼出しが座るいすは、ぶつかっても危なくないように、発泡スチロールでできている。

# 伝統の動きとその意味

## 土俵作法

土俵に上がった力士は、伝統の所作（動作）を重ねながら、戦いへの気持ちを盛り上げます。

### 土俵上の所作には意味がある

呼出しに呼ばれて土俵に上がってから、取組が終わって下がるまで、伝統の土俵作法があります。その所作には、意味があります。

### 土俵に上がる

呼出しが、東西それぞれの力士のしこ名を呼び上げると、呼ばれた力士が土俵に上がります。

### 礼をする

おたがいに、目と目を合わせ、軽く礼をします。対戦相手がいなければ相撲は成り立たないので、相手に敬意をはらうことは、相撲の大事な心得です。

### 四股をふむ

赤房または、白房の下で、四股をふみます。四股には、地中にいる邪悪なものをふみつける意味があります。

### 力水をつける

ひしゃくから、口に水をつけて、身を清めます。これを、力水といいます。原則として、前の取組の勝ち力士か、次の取組のひかえ力士がひしゃくをわたします。

### 蹲踞

つま先立ちで、こしを深く下ろし、ひざの上に軽く手を置いて開きます。両手は、ひざの上に軽く置いて開きます。この姿勢を、「蹲踞」といいます。相手や土俵を敬う姿勢です。

### 塩をまく

塩をまきます。塩で土俵を清め、けがをしないよう願う意味があります。

塩の量やまき方には、力士の個性が見られる。

取組前の仕切りの時に、力水をつけたり塩をまいたりできるのは、基本的に十両以上の力士だけ。本場所では、1日約45kgもの塩がまかれる。1場所では、650kgをこえる塩がまかれることになる。

32

## たがいに礼をする

勝負がついたら、力士は東西に分かれ、おたがいに礼をします。

## 勝ち名乗りを受ける

勝った力士は、蹲踞し、右手を下にして勝ち名乗りを受けます。

## けん賞金を受け手刀を切る

けん賞金がかかっている時は、行司から受け取ります。この時、左、右、中の順に手刀を切ります。これは、豊穣の神々に感謝する意味があります。

勝負がつく！

## 仕切りをする

こしを下ろし、仕切り線より手前に手をつき、おたがいの目を見ます。塩まきと仕切りを何度かくり返し、立合いの制限時間が来るまでに、立合いをします。

## 再び四股をふむ

仕切り線の手前まで出て、右、左と四股をふみます。

## 塵手水

軽くもみ手をして、かしわ手を打ちます。その後、両手を広げ、手の平を上に向けた後、下向きに返します。これを「塵手水」といいます。もみ手は、草についた夜つゆで手を清める動作を示し、かしわ手は、相撲の神に「ここに来た」と知らせる意味があります。手の平を下に返すのは、ちりを落とし、武器を持っていないことを知らせています。

けん賞金を受ける時に手刀を切る作法は、昭和時代前半に活躍した名寄岩が始めた。その後、昭和41（1966）年に、日本相撲協会から、左、右、中の順に手刀を切るようにとの通達が出された。

# 勝負を決める

## 相撲のルール

身に着けるのはまわしだけ。危険な行為は禁止です。

### 明快な相撲の勝負
### たおすか出すか。

相撲には、長い間はっきりと書かれた規則はなく、取る人も見る人も、"相撲らしいかどうか"を規準にして、勝負や反則を判断していました。大きくいえば、たおすか出すか。次の2つの場合に、勝負がつきます。

① ←--勝ち

俵（勝負俵と徳俵）の内側で、足の裏以外の体の一部が土に着いたら、その力士は負け。2人とも着いた場合は、先に着いた方が負けです。

### ●これは例外

**送り足**
相手をかかえて俵の外に出す場合は、相手の体がういていて、自分の足が先に俵の外についても負けにはなりません。

→勝ち

**かばい手**
相手といっしょにたおれて、自分が先に手をついても、相手がけがをするのを防ぐためなら、負けになりません。相手が重心を失ってもう起き上がれない体勢（死に体）だったかどうかで判断します。

**不浄負け**
勝負がつく前にまわしがはずれてしまうと負けになります。これを「不浄負け」といいます。

→負け

### ●これは反則（禁じ手）

にぎりこぶしでなぐる。

まげをつかむ。

のどをつかむ。

これらを行うと負けになります。

どういう状態を「死に体」というか、具体的な規定はない。腰やひざがのび切っている、つま先がういてかかとしかついていない、土俵に背を向けて全身が空中にありもう技をかけることができないといった場合に、死に体とみなされる。

## これはセーフ！これはアウト!!

俵の上は、土俵内！まだ、残れる！

手や足が、土俵より外に出ても、宙についていれば負けではない。

まげが、相手の体より先に土に着いたら負け（まげは体の一部）。

さがりが土に着くのは、負けではない。

❷

シンプルだからこそその奥深さがあるのだ！
←勝ち
俵の外側に、体の一部が相手より先に着いたら、その力士は負けになります。

目やみぞおちなどの急所をつく。

胸または腹をける。

両手で、相手の両方の耳を同時に張る。

1本または2本の指を折り返す。

まわしの縦のところ（前立て褌）をつかんだり、横から指を入れて引いたりする。

※ 規則にはないが、引っかいたりかみついたりするのもだめ

## 勝負についての話し合い「物言い」

取組をさばく時、行司は、どちらかの力士に軍配を上げなければなりません。行司の判定に疑問があれば、勝負審判がひかえ力士は物言いをつけることができます。物言いがつくと、勝負審判が土俵上で話し合い、勝ち負けを決めて発表します。

① 軍配通り……軍配が上がった力士の勝ち
② 行司さしちがえ……軍配が上がった力士の負け
③ 同体取り直し……同時に土俵から出たり、土に着いたりしたため、もう一番取る

土俵下の5人の審判委員のほかに、ビデオ室にもうひとり審判委員がいて、物言いがついた時は、ビデオ映像も参考にする。行司は、意見を求められることはあるが、話し合いには参加しない。

## 相撲の勝負のポイント①　勝負の始まり

# 仕切りと立合い

おたがいの息を合わせ、よい立合いをして、有利な展開をねらいます。

相撲の取組には、スタートのホイッスルや「始め！」などの合図はなく、力士自身が相手と息を合わせて始めます。これは、日本の伝統文化に則る相撲ならではのやり方です。「仕切り」をして、おたがいに息を合わせていきます。仕切り線の手前に両手をつき、十分に腰を割って相手の呼吸をうかがいます。相手も立てると判断したら「立合い」をします。

### 仕切りで息を合わせて立合いへ

よし！
今だ！

仕切りの間には、勝負のかけ引きも行われています。

腰が高い　　仕切り線から遠い
腰が低い　　仕切り線ぎりぎり

### 手の位置と腰の高さに注目

「つき」と「おし」でせめる「つきおし相撲」（→38ページ）が得意な力士は、仕切り線からはなれた位置に手をつき、腰を高めにして勢いよくつっこもうとします。相手と組み、まわしを取ってせめる四つ相撲（→38ページ）が得意な力士は、腰を低めにして仕切り線の近くに手をつき、すばやくまわしを取ろうとします。

### 息が合わないと「待った」

仕切りで息を合わせて立合いをしますが、どうしても合わない場合もあります。その場合は、立合いが不成立となり、行司が「待った」をかけて仕切り直します。相撲では、立合いをうまくいかせることが基本とされ、「待った」はよいこととはされません。

まった！

仕切りを重ねるうちに力士の気合が入り、肌が赤くなっていくのがわかるぞ。

昔は、仕切りに制限時間はなく、100回も仕切りをしたことがあった。昭和3（1928）年にラジオでの大相撲放送が始まり、制限時間が、幕内10分、十両7分、幕下以下5分と決められた。現在の制限時間になったのは昭和25（1950）年。

36

# 立合いでの作戦

立合いは、相手がどんな相撲を取りたいのか、自分がどんな相撲を取りたいのか、おたがいの気持ちと作戦がぶつかる瞬間です。立合いがどう決まるかで、勝負のゆくえは大きく左右されます。両者がガツンとぶつかる、激しく真剣な立合いが、観客をわき立たせるのです。

## ぶちかまし

頭を低く下げて、相手の胸から頭に当たる。姿勢が低過ぎると、はたかれることがある。

## つっぱり

左右の手で、交互に相手の胸をつき、そのままおしこむか、相手の上体を起こし、下に入ることをねらう。

## もろ手づき

両手を、相手の胸や肩に同時に当てる。相手の出足を止め、一気におしこむことをねらう。

## のど輪

手を筈（→38ページ）にして、相手ののどに当てる。相手をのけぞらせ、後退させることをねらう。

## かち上げ

やや半身になり、ひじを曲げて前腕部で相手の胸からあごのあたりをつき上げる。突進してくる相手の上体を起こす。

## ねこだまし

相手の目の前で、両手をたたく。相手がびっくりして出足が止まる間に有利な体勢に持ちこむことをねらう。

## かわる（変化）

まっすぐぶつからず、右か左にすばやく動く。低い体勢の相手をはたきこんだり、先に上手を取ったりすることをねらう。

## 張り手

立合いの瞬間に、相手の顔を平手で張る。相手の出足を止め、そのすきにうでを差すなどをねらう。

## 制限時間いっぱい、「待ったなし！」

力士は、仕切りで息を合わせていきますが、いつまでも仕切りをしていてよいわけではなく、制限時間内に立合いをしなければなりません。制限時間は、幕内は4分、十両は3分、幕下以下は2分です。

時間は、勝負審判の中の時計係が計っていて、制限時間いっぱいになると、軽く手を上げて合図します。行司は軽くうなずき、力士に、呼出しが知らせます。待ったなしと言い、軍配を返します。制限時間が過ぎてわざと立たないと負けになる場合があります。

土俵に仕切り線が引かれるようになったのは、昭和3（1928）年以降。それ以前は、土俵の中央で、おたがいに頭をつけ合う仕切りも見られた。仕切り線が引かれたことで、両者が距離をあけて仕切り、立ち合いでぶつかり合うようになった。

相撲の勝負のポイント②

# 相撲の取り方

## つきおし相撲と四つ相撲

相撲の取り方は、大きく2つに分けられます。

### 2つの取り口

相撲の取り方を、"取り口"といいます。まわしを取らず、ついたりおしたりする「つきおし相撲」と、まわしを取って、組んだり投げたりの「四つ相撲」があります。それぞれの力士には、得意な取り口があります。

### 「つき」と「おし」でせめる つきおし相撲

「おし」は、相撲の最も基本的な技です。「つき」は、相手の上半身めがけて手の平を素早く当てる技です。このほかに、「つっぱり」や「のど輪」（→37ページ）を使うこともあります。

**はずおし**

「おし」の基本の方法。手の親指を立て、ほかの4本の指をのばして、矢の筈に似たY字の形にする。これを、相手のわきの下に当てておしこむ。

筈の形

→矢の筈

### 相手と組み、まわしを取る 四つ相撲

どちらかがまわしを取って組み合った状態を「四つ」といいます。相手のうでの下に、自分の手を入れてまわしをつかむことを、「差す」、「下手を取る」といいます。

「四つ」には、組み方によって「右四つ」、「左四つ」、「もろざし」、「外四つ」があります。それぞれの力士には得意な形があるので、なんとか自分が得意な形に組んで、有利になろうとします。これを差し手争いといいます。有利な組み方になれば、一気に前に進む「寄り」や「投げ」の技をくり出しやすくなります。

**右四つ**
おたがいに右うでを差して組んでいる状態。

**左四つ**
おたがいに左うでを差して組んでいる状態。

**相四つ・けんか四つ**
得意な組み方が、右四つ（または左四つ）同士の力士を「相四つ」という。得意な組み方がちがうと「けんか四つ」で、おたがいに自分の得意な形になろうとする。

けんか四つで差し手争い

テレビの解説などでよく出てくる用語なので、覚えておくと、観戦が充実するぞ！

つきおし相撲が得意な力士は、四つ相撲が得意な相手にまわしを取られてしまうと不利になる。そこで、指が通らないほどまわしをきつくしめ、取られにくくすることがある。

# 四つ相撲での技

四つに組んだ後も、有利な状態になるために、さまざまな技を出します。

## おっつけ

わきをしめて、相手のうでを外側からしぼり、下からおし上げるようにする。相手のつっぱりや、相手にまわしを取られることを防ぐ。四つ相撲でも有効。

## 差し手（腕）を返す

差したうでを相手の背中に回し、ひじを張る。相手の上手が上がり、自分のまわしが取られにくくなる。

## まわしを切る

まわしをつかまれている手を、まわしからはなさせる。腰をひねったり、手で相手の手をおし下げたりする。

## もろざし

左右のうでが、両方とも相手のうでの下に入った状態。相手を下からしめ、腰を高くさせられるので、有利な体勢。（この時、相手がまわしを取っていれば相手は「外四つ」の状態）

## かんぬき

もろざしになられた方が、相手のまわしを取らず、両うでで、相手の外側から相手の両ひじをしめつけて、動けなくすることを「かんぬきにきめる」という。

### しぼる

相手のひじをのばし、下から内側の上にしぼるようにおし上げる。相手の体を起こして、バランスをくずすことができる。

### 巻きかえる

上手だった手を、相手の手の下を通して下手に差しかえる。体を相手から少しはなし、すばやく巻きかえる。自分の不得意な四つから得意な四つにかえる時に使う。

## がっぷり四つで"水入り"に

四つ相撲の力士同士が対戦すると、おたがいに両まわしを取り合って、がっちりと組み合うことがあります。このような状態を「がっぷり四つ」といい、動きが止まって相撲が長引くことがあります。

取組開始から4～5分たっても勝負がつかず動かない場合、勝負審判の時計係の合図で行司が「待った」をかけ、両者をいったん分けます。力士は、土俵を下りて水を口につけ、少し休みます。これを、水入りといいます。そして、同じ体勢に組み直してから、行司の合図で取組を再開します。

四つ相撲では「下手は深く、上手は浅く」と言われる。相手の背中側のまわしを下手で取ると、相手の上手が利きにくくなる。また、相手の腹側のまわしを上手で取ると、相手の体を起こして、うかせることができる。

# 勝負を決める技

## 決まり手

相撲の勝負がつく時の技を、決まり手といいます。現在、決まり手は、82種類あります。

### 決まり手 "全82種類" 総覧

「寄り切り」と「押し出し」は、よく出る決まり手です。勝負のおよそ半分は、この2つの技で決まっています。体がやわらかく、足腰のばねがある力士でないと出せないめずらしい決まり手もあります。めったに見られない決まり手が出ると、観客が盛り上がります。小柄な力士は、体重では勝負しない分、いろいろな技を使う傾向があります。

※ 赤いまわしの力士が勝ち。
※ 🎌 ＝よく使われる決まり手。
※ 🎌 ＝めったに出ない決まり手。

1. 突き出し
2. 突き倒し
3. 押し出し
4. 押し倒し
5. 寄り切り
6. 寄り倒し
7. 浴びせ倒し
8. 上手投げ
9. 下手投げ
10. 小手投げ

室町時代には、48手の決まり手があったとされるが、これはたくさんの技があることを、縁起のよい数で表したものとも考えられる。その後、江戸時代に土俵ができると、寄り切り、押し出し、突き出しなどの決まり手が生まれた。

昭和10（1935）年に、56手が決まり手として制定された。その後、昭和30（1955）年に68手、昭和35（1960）年に70手となった。平成13（2001）年に、12手の決まり手が追加され、82手になった。

昭和時代以降2017年までに、41番・掛け反り、43番・外たすき反りは、一度も出ていない。40番・撞木反り、42番・たすき反りは、一度だけあった。2001年に増えた決まり手のうち、61番・徳利投げと75番・送り掛けは、幕内では出ていない。

勝負がつくと、決まり手と勝った力士の名が場内アナウンスされる。幕下以下の取組では「寄り切って○○の勝ち」のように、十両以上の取組では「ただいまの決まり手は、寄り切り。寄り切って○○の勝ち」のようにアナウンスされる。

決まり手は、場内アナウンスを担当する行司が判断するが、判断が難しい場合は、ビデオ室にいる決まり手係の親方に確認してからアナウンスされる。

## 決まり手以外で勝負がつく場合

相手が何もしていないのに、自滅して負けることがあります。このような決まり方5つを、決まり手とは別に定めています（非技）。

**腰砕け**
相手が何もしていないのに、体勢をくずして、腰から落ちる。

**勇み足**
土俵際に攻めこみ、ほとんど勝っている体勢なのに、足が土俵の外に出てしまう。

**踏み出し**
体勢を立て直そうとした時などに、自分で足を出してしまう。

**つきひざ**
相手が何もしていないのに、自分からひざをついてしまう。

**つき手**
相手が何もしていないのに、自分から手をついてしまう。

「勇み足」は、日常の話の中で使われることもあるな。

いったん場内アナウンスされた決まり手を訂正する場合は、その日の結びの一番が終わるまでに行う。それを過ぎると、公式記録として決定されたことになり、訂正されることはない。

# 相撲の魅力は奥深い！

スポーツ、武道、神事、娯楽など、さまざまな要素を持っている相撲には、一言では語れない、ユニークで奥深い味わいがあります。

の舞台で、聖き場所といえるものです。

それにしても、相撲では、取組のたびに塩をまいたり、土俵の真ん中に昆布や米をうめたり…。独特の舞台づくりが行われています。これには、神事として行われていた由来があるわけですが、それらの儀式やしきたりが、今も大事に続けて行われていることも相撲の特徴です。また、真剣勝負のさなかに、行司がいったん力士を分ける「水入り」や、ゆるんだまわしを行司がしめ直してあげる「まわし待った！」があるのもユニークでおもしろい。ラジオの放送に合わせて仕切りに制限時間を設けるなど、伝統を受けつぎながら、みんなが楽しめるスポーツとして変化してきた相撲のこれまでの道のりが、ルールからも想像されます。トーナメントでも総当たりでもなく、対戦相手が会議で決まるというのも特徴です。おもしろい相撲が見たい、こんな相撲が取りたい。見る人、取る人、支える人、みんなの期待と工夫によって、今の大相撲が形づくられています。

## 高等技術、立合いの妙！

行司が合図を出すわけでもなく、相手の仕草や表情を見ながら、両者が同時に立つ立合いは、実は、人間にしかできない高等技術です。力士たちは、新弟子になったばかりのころから、これを練習しています。ホイッスルで合図をしてはどうかというような話は、相撲では出てきません。相手を知り、相手を尊重する。立合いには、相撲の中で大切にされている日本文化の美意識がつまっているのです。

## 相撲道をきわめる！？

土俵からおし出した相手を、さらにおす「だめおし」は、よいこととされません。観客にまゆをしかめられるばかりか、審判部から注意を受けることもあります。一方で、相手にけがをさせないためのかばい手が認められているなど、相撲には、独特のスポーツマンシップがあります。また、横綱や大関は、強くある

## 負けてほめられる！？

強い相手に正面からぶつかって全力をつくした相撲を取ると、たとえ負けてもほめられることがあります。逆に、立合いで「変化」して簡単に勝ったような場合、たとえ勝っても、ほめられるどころか、こんな相撲を取っていてはだめだ、などの批判を受けることもあります。ルールを守ったからよいというのでなく、立派な相撲が取れたかどうか。横綱や大関など上位力士はもちろん、下位力士であろうと、立派な相撲を取ることが目標です。そこに、相撲ならではの世界（美学）があります。

## ルールや進行もおもしろい！

サッカーやバレーボールのコートも、野球のグラウンドも、レスリングのリングも、それぞれ大切な勝負

写真／日本相撲協会

---

よく「負けて覚える相撲かな」と言われる。これは、思い切って相手にぶつかっても、歯が立たないこともあるが、「どうして勝てなかったのか」、「どこがいけなかったのか」と考えることで強くなるということを表したものだ。

ことはもちろん、下の力士を育てるような堂々とした相撲を取ることが望まれます。土俵に上がれば1対1の真剣勝負ですから、なかなか厳しい注文です。

### 大活躍の外国出身力士たち！

相撲道という言葉もあります。相撲を通じて、真理を追究したり、正しい生き方を見出したりできるという考えです。力士たちは、毎日の厳しい勝負を重ねて、自分をかける厳しい勝負と向き合い、人としても精進していくのです。

まず、行司の装束……。相撲の世界は、現代の一般の暮らしには見られない、昔ながらの日本の伝統が受けつがれた世界です。力士たちは、土俵の上だけでなく、日常の服装や髪型まで、伝統の中で過ごしています。ちがう国からの力士を受け入れてきました。ちがう文化の中で育った若者が、日本の言葉を覚え、勝負を学び、相撲の心を学び、成長していきます。外国出身力士が日本語を覚えるのに

は、日本の歌を歌って覚えるのが有効だそうです。長身だった力が長かったりと、体型がちがえば、相撲の取り方も日本出身の力士と同じようにはいきません。色や質がちがう髪でまげをゆったり、故郷の相撲とは方法がちがったり（モンゴル相撲には土俵がない）、あるいは宗教上の習慣が相撲に影響したり（イスラム教の信者の力士は断食の日を守る）、苦労もたくさんありますが、それらを乗りこえていい相撲を取り、人気者になる力士が大勢います。

### 観客席にも伝統あり！

相撲見物もまた独特の様子です。土俵の間近には、砂かぶり（土俵だ

いた席、そして、その外側には、マス席があります。マス席では、家族や知人同士が、お花見のような雰囲気で飲んだり食べたりしながら土俵に声援を送っています。帰りには、おみやげも……。そんな雰囲気自体が、大相撲の魅力です。

### お相撲さんは「特別な人」

すばらしい勝負を見せてくれるアスリートとしての一面があったり、はなやかなふるまいを見せてくれる演者としての魅力があったりと、キャラクターが人気を集めたりと、いつの時代も力士は注目を集める存在です。有名力士に限りません。お相撲さんというだけで、おめでたく感じたりありがたく感じたり、特別

に思う文化が日本にはあります。相撲を取る人、相撲取りであるというだけで、力士は、みんなにとっての「特別な人」なのです。

### 物議がいっぱい！相撲界

伝統を守ってきた相撲の世界だけに、現代の世の中とはちがうしきたりなども多く、時には論議の的になることもあります。たとえば、「女性は土俵の上に上がってはいけない」。男女平等の世の中なのに、なぜ？という声は、しばしば上がり、物議をかもします。また、「外国出身力士が増えると、日本文化の継承がおろそかになっていくのではないか」。こんな声もあります。また、現在は、外国籍のままでは引退後に親方にはなれませんが、このままでいいのかという意見もあります。

こうした議論がおこるのも、いろいろな顔をもつ相撲ならではです。これからも、時代の空気を取り入れながら、新しい大相撲の形が生まれていくことでしょう。

外国出身で初めて関取（十両以上）になったのは、アメリカ・ハワイ州出身の高見山。昭和42（1967）年三月場所で十両に上がり、昭和47（1972）年七月場所で、外国人初の幕内優勝をはたした。

# 日々の精進 けいこ

## 基本のけいこ

けいこでは、力士たちは、まず各自で、四股、すり足、てっぽう、股割りをします。これらは、相撲に必要な動きを取り入れた基本のけいこで、足腰と体幹をきたえ、けがに強い体をつくります。また、準備運動にもなっています。

相撲では、「三年先のけいこ」という言葉があります。目先の勝ちにこだわらず、真の実力をつけることをめざして、力士たちは、地道に、厳しいけいこに打ちこんでいます。

### 四股

両足を開いて構え、片方の足を高く上げてから地面をふむ動作を、左右交互にする。足を上げる時に、手をひざに当て、つま先から地面をふむ。こし、ひざ、足首、つま先などがきたえられる。

### すり足

足の裏を地面にぴったりつけ、ひざが直角になるくらいに腰を落とす。両わきをしめて、右手と右足、左手と左足を同時に前に出して進む。重心を安定させたまま前に出る練習。

### てっぽう

左手で柱をつき、左足を出す。
右手を柱につく。

てっぽう柱という柱に向かい、足を肩はばくらいに開き、わきをしめて立つ。右手を柱について体を支えたら、左手で柱をつき、左足をすり足で前に出しながら左うでに体重をかけて片うで立ちふせのようにおしもどす。これを左右交互にくり返す。「つき」や「おし」の練習になる。

### 股割り

両足を180度開いて座り、上半身を前にたおして地面につける。股の関節をやわらかくしておくことで、けがを防ぐことができる。

力士は、股割りによって、高い柔軟性を養っているのだ！

自分の所属する部屋に適当なけいこの相手がいないような場合は、よその部屋に出かけていくこともある。これを出げいこという。昔は、同じ一門の部屋に行くことが多かったが、現在はそれに限らず、別の一門の部屋に行くこともある。

# 実戦的なけいこ

基本のけいこに続き、土俵を使って、相手のあるけいこをします。

## 申し合い

勝った力士が、周りの力士の中から次の相手を指名して相撲を取るという、勝ちぬき戦形式のけいこで、最も実戦に近い。申し合いの最中、力士たちは、勝った力士に指名してもらえるよう積極的に近づいていく。指名してもらえなければ、いつまでもけいこができず、強くなれない。

かまぼこ →

前に出ず、消極的な態度でいると、いつもけいこ場の羽目板近くにいることになる。その様子から、「かまぼこ」と呼ばれてしまう。「板についている」

## ぶつかりげいこ

わきをしめ、両手を「筈」（→38ページ）の形にして、相手の胸をおしていき、ひたすら残そうとする相手を出そうとする。これを体力の限界まで何回もくり返し、持久力をつける。何回かに1回、おしていく途中で転がしてもらう。たおされることで、受け身を取る練習になる。通常は、けいこのしあげとして行われる。

もういっちょう！

受ける　たおす　ぶつかっておす

受け身を取る　ズズズ…　ドシー！

## 三番げいこ

実力が近い力士同士が、続けてたくさん相撲を取るけいこ。「三番」とは、「たくさん」という意味で、実際には30〜40番も取り続けることがある。持久力をつけ、地力をのばす効果があり、技の研究ができる。

## 本場所直前に行われる「けいこ総見」

東京の国技館で行われる一月、五月、九月の本場所の前に、十両以上の力士がけいこをする様子を、横綱審議委員会（→20ページ）の委員が視察する行事があります。この行事を、けいこ総見といいます。

けいこ総見では、申し合いやぶつかりげいこなどが行われ、力士たちの本場所前のしあがり具合や調子の程度などを見ることができます。

写真／日本相撲協会

けいこ総見で、ぶつかりげいこをする力士。

ぶつかりげいこでは、ぶつかる側が受ける（胸を出す）側に全力でぶつかり、おしていく。ぶつかりげいこで、くり返しぶつかられるために、胸にたこができてしまう力士もいる。

# 力士の道の出発点 新弟子

新しく力士になった人を新弟子といいます。

## めざせ、横綱!

### 力士になるまで

堂々たる風格の横綱も、スタートはみんなここから。長い階段を一段ずつ上がっていきます。

### 相撲部屋に入門

力士は、みなどこかの相撲部屋に所属します。相撲部屋に入ることを入門といい、一度入門すると、基本的に部屋を移ることはできません。親戚や知人の紹介で部屋を決める場合が多いですが、志望者が興味のある部屋を自分から訪ね、体験して決めることもあります。経験や実績のある若者を、親方がスカウトすることもあります。最近は、インターネットで、それぞれの部屋のサイトを見て選ぶ人も少なくありません。外国出身者も入門の方法は同じですが、1つの部屋に入門できるのは1人と決まっています。(平成30年現在)。

### 新弟子検査を受ける

新弟子になれるのは、身長167cm以上、体重67kg以上で、義務教育を修了した23歳未満の男子に限られます。志望者は、日本相撲協会が行う新弟子検査を受け、体格が規準を満たしているかを調べなければなりません。

### 前相撲を取る

新弟子検査に合格すると新弟子となり、本場所で、前相撲という取組をします(初土俵)。三日目から序ノ口の取組前に基本的に一日1番、3勝するまで取ります。早く3勝した力士ほど、次の場所で序ノ口での地位が上になります。

### 相撲教習所

新弟子たちは、前相撲を取った翌月から6か月間、東京の国技館にある相撲教習所に通います。学ぶ内容には、教養講座と実技があり、教養講座では、相撲の歴史、書道、相撲甚句、運動医学などを学びます。実技では、四股やすり足のしかたを習うほか、ぶつかりげいこや申し合いなどのけいこをします。入りたての行司や床山、呼出しも、相撲教習所で相撲の歴史を受講します。

相撲教習所では、本場所がある時期を除いて、毎日朝7時から授業が始まる。授業の後は、入浴、昼食、そうじをすませ、12時半ごろに教室に集まって「日本相撲協会錬成歌」という歌をみんなで歌って終了となる。

## 番付の序ノ口に登場

前相撲を取った次の場所に、番付表の序ノ口に名前がのります。もしも、前相撲で1つも勝てなくても、序ノ口に進むことができます。ただし、アマチュアの大会などで規定の実績を上げた新弟子は、前相撲を経ないで幕下十五枚目や三段目から始めることができます（相撲教習所には通う）。こうして、それぞれに上の地位をめざして努力し、競い合っていくのです。

## 新序出世披露

本場所八日目の三段目の取組の間に、新弟子としてのお披露目があります。これを新序出世披露といいます。

新弟子たちは、親方や兄弟子の化粧まわしを着けて土俵上に並びます。学校の卒業時期に当たる三月場所だけは、新弟子が多いので、五日目と九日目の2回に分けて行われます。

## 力士の収入のしくみ

幕下までは、正式にはまだ"プロ"、力士ではなく、力士養成員という立場です。相撲部屋で生活するので家賃や食費などはかかりませんが、力士養成員は、給料はもらえず、もらえるのは場所ごとの手当と、勝ち星によってもらえる奨励金だけです。十両に上がって関取と呼ばれるようになると、初めて一人前の力士としてあつかわれ、給料がもらえるようになります。地位が上がれば給料も増えていきます。このほかに、本場所の勝ちこしや金星の数を基本にして、計算され支給される「褒賞金」というしくみもあります。

しかし、反対に幕下に下がってしまうと、また給料はなくなってしまいます。

## 勝つともらえる懸賞金

幕内の取組では、応援する力士の取組に、企業などがお金を出す「懸賞」がかかることがあります。懸賞金の賞金は、平成30年現在で1本当たり6万2000円です。勝った力士は、このうち3万円が手取りとしてもらえ、2万6700円はその力士の積立金と納税のためのお金に当てられます。残りは日本相撲協会の手数料です。

懸賞金は、力士にとっては、大切な臨時収入といえます。

取組に懸賞がかけられていることを示す幕。写真／日本相撲協会

---

千秋楽の優勝力士などの表彰式の後、その場所の新序出世披露をした新弟子たちが、土俵に上がり、手打ち式をする。さらにその後、神送りの儀式（→7ページ）にも参加する。

# 日本の北から南まで 巡業

春夏秋冬と、全国各地で行われる興行を巡業といいます。本場所とはちがう相撲の魅力が味わえます。

## 大相撲の一年

年に6回、奇数月に開催される本場所の間に、各地での巡業や行事などがあります。

## 巡業のプログラム

巡業では、力士を始め、行司や呼出し、床山たちが、約1か月かけて、地方の十数か所を回ります。取組や土俵入りのほかに、本場所では見られない楽しい内容もたくさん。力士や相撲の文化を間近に感じられる機会です。なお、巡業での取組の成績は、番付には影響しません。

巡業は、地域の活性化や相撲の普及に役立っている。

### 子どもとのけいこ

地元の子どもたちが、力士たちにけいこをつけてもらう。子どもたちにとっては、ふだんテレビでしか見られないあこがれの力士と直接ふれあえる、夢のような機会だ。

### 赤ちゃんをだいて土俵入り

よし
よし！

巡業では、土俵入りの時に力士が赤ちゃんをだいて土俵に上がることがある。中には、大声で泣き出す赤ちゃんも。本場所とは一味ちがった土俵入りの風景だ。

写真／日本相撲協会

1月
一月場所（初場所）
東京・両国国技館

2月
豆まき参加
日本大相撲トーナメント

3月
三月場所（春場所）
大阪

4月
春巡業
近畿・東海・関東地方

5月
五月場所（夏場所）
東京・両国国技館

昔から、「お相撲さんにだかれた子は、じょうぶに育つ」といわれている。巡業で、力士が赤ちゃんをだいて土俵入りする様子は、子どものすこやかな成長を願った親が、赤ちゃんを託す、ほのぼのとした光景だ。

## しょっきり・相撲甚句

相撲の禁じ手などをユーモラスに紹介する「しょっきり」や、力士たちが歌う「相撲甚句」も、巡業ならではの見どころだ。

## 横綱つなしめ実演

付け人が横綱を取り囲んで、化粧まわしの上から綱をしめていく。約8kgもある綱を周りから強く引っ張るので、横綱がぐらぐらしないよう、前で付け人が支えとなる。

## 裏方も大活躍

巡業を行うにも、裏方の活躍が欠かせません。開催日の10日ほど前には、担当の親方や行司、呼出しが現地に入り、土俵作りや、荷物の運びこみなどをします。地元の人たちにも協力してもらって、大勢の観客をむかえるのです。

巡業で使う荷物の運搬。　写真／日本相撲協会

## 髪ゆい実演

人気力士がモデルとなって、床山が観客の前で、大いちょうをゆう実演。長年の経験をもとに、みごとな手さばきで、大いちょうをゆい上げる様子を披露する。

---

| 6月 | 7月 | 8月 | 9月 | 10月 | 11月 | 12月 |
|---|---|---|---|---|---|---|
| 海外巡業／公演・合宿など | 名古屋 七月場所（名古屋場所） | 夏巡業 東北・北海道地方 | 東京・両国国技館 九月場所（秋場所） | 秋巡業 東海・近畿・中国地方 | 福岡 十一月場所（九州場所） | 冬巡業 九州・沖縄地方 |

もちつき

地方への巡業は、江戸時代から続いている。昔は、部屋ごと、または一門ごとに回っていたが、昭和33（1958）年から日本相撲協会がまとめて行うようになった。以前は、巡業専用の列車もあったが、現在は主としてバスで移動する。

# 力士を育てる場 相撲部屋

力士たちが所属する個々の小団体を、相撲部屋といいます。部屋の責任者を親方といいます。

## 相撲部屋とは

相撲部屋は、平成30年現在、45あります。出羽海親方が責任者（師匠）である部屋を出羽海部屋と呼ぶように、親方の名前をつけて呼びます。部屋を別の親方がついだ場合は、部屋の名前が変わることもあります。

相撲部屋には、力士のほか、部屋を持っていない親方（コーチのような役割、行司や呼出し、床山も所属しています。力士は、必ずどこかの部屋に所属しなければ、相撲を取ることはできません。

相撲部屋でのけいこの様子（錣山部屋）。

写真／日本相撲協会

## 力士の共同生活の場

相撲部屋は、力士たちが生活をともにして、鍛錬を積む場所でもあります。

それぞれの相撲部屋には、けいこ場があり、朝早くから、所属する力士たちがけいこをします。十両以上の関取には、付け人として、幕下以下の力士がつき、関取の身の回りの世話をします。先に入門した力士は兄弟子と呼ばれ、後輩の指導にあたります。

出羽海部屋は、文久元（1861）年から、高砂部屋は、明治11（1878）年から続く、歴史の長い相撲部屋だ。

 親方同士がもともと同じ相撲部屋の出身で兄弟弟子だったなど、親戚関係にある部屋を、一門という。平成30年現在、出羽海、時津風、高砂、二所ノ関、伊勢ヶ濱、貴乃花の6つの一門がある（これらにふくまれない部屋もある）。

54

# 部屋の責任者、「親方」

現役時代に一定の実績のあった力士は、引退後に、「年寄名跡」という資格のようなものを持つことができます。この人たちを、「親方」といいますが、通常は「年寄」と呼ばれます。日本相撲協会の一員として相撲部屋を持てるのは、親方だけに限られます。

相撲部屋

相撲部屋の継承予定者は、幕内通算12場所以上、または幕内・十両通算20場所以上つとめていれば年寄名跡を持てる。

三役以上を1場所、または幕内通算20場所以上、または幕内・十両通算28場所以上つとめると、年寄名跡を持てる。

## 部屋の経営をする

相撲部屋の収入や支出に関することなど、経営に関係する仕事をします。

## 力士の指導をする

所属している力士のけいこや生活に目を配り、全般的な指導をします。

## 協会の仕事をする

審判部、巡業部、場内警備など、日本相撲協会の仕事をします。

## スカウトをする

将来有望な若者に、部屋に入ってもらうよう、スカウトをします。時には外国に行くこともあります。

## 母親がわりの「おかみさん」

相撲部屋の親方のおくさんは、おかみさんと呼ばれ、親方を支えて、部屋のさまざまな仕事をします。若い力士たちの着るもの、食べるもの、健康面の気配りなど、生活に関することの面倒を見ます。実家をはなれて部屋で暮らす力士たちにとっては、母親のような存在です。
また、それ以外にも、部屋の後援会の人たちへのあいさつやパーティーの手配など、さまざまな仕事があります。
部屋の力士が出世することを夢見ながら、いそがしく働いているのです。

年寄名跡は、年寄株、親方株とも呼ばれ、江戸時代から続くしくみだ。昭和2(1927)年以降、年寄名跡は105と決まっている。このほかに、大きな功績があった力士には、一代限りの一代年寄がおくられることがある。

# さくいん

## あ
- 相四つ … 38
- 青房 … 5
- 赤房 … 5
- 秋場所 … 53
- 揚巻 … 5
- 足取り … 42
- 浴び倒し … 40
- 網打ち … 43
- 荒木田土 … 6
- あんこ型 … 54
- 勇み足 … 41
- 居反り … 45
- 一門 … 43
- 一代年寄 … 41
- 一本背負い … 41
- 後ろもたれ … 45
- うっちゃり … 40
- 内掛け … 41
- 内無双 … 43
- 内もたれ … 45
- 上手投げ … 44
- 上手出し投げ … 44
- 上手捻り … 45
- 雲竜型 … 28・29
- 烏帽子 … 21
- 大いちょう … 27
- 大逆手 … 42
- 大関 … 34
- 大股 … 44
- 大銀杏 … 15・18
- 送り足 … 45
- 送り出し … 44
- 送り倒し … 44
- 送り投げ … 44
- 送り吊り出し … 44
- 送り吊り落とし … 44
- 送り引き落とし … 45
- 押し出し … 40
- 押し倒し … 40
- おっつけ … 40
- お相撲さん … 14
- お野川 … 39
- 小野川 … 21
- 親方 … 55

## か
- 親方株 … 55
- 顔ぶれ言上 … 11
- 角界 … 4
- 腕捻り … 42
- 掛け反り … 42
- 掛け投げ … 43
- 肩透かし … 41
- 方屋開口 … 9
- 勝ち越し … 37
- がっぷり四つ … 9
- 合掌捻り … 43
- かばい手 … 18
- カド番 … 39
- 河津掛け … 44
- 神送りの儀式 … 7
- かんぬき … 34
- 敢闘賞 … 19
- 技能賞 … 19
- 木村庄之助 … 31
- 決まり手 … 27
- 九州場所 … 53
- 切り返し … 45
- 切り出し … 45
- 禁じ手 … 27
- 金星 … 41
- 首捻り … 41
- 首投げ … 41
- 軍配 … 34
- 黒房 … 5
- けいこ総見 … 27
- けいこまわし … 24
- けいこ … 24
- 化粧まわし … 24
- 蹴返し … 41
- 蹴手繰り … 41
- けんか四つ … 38
- 懸賞金 … 51
- 腰砕け … 45
- 腰投げ … 41
- 小手捻り … 42
- 小手投げ … 40
- 小褄取り … 44

## さ
- 小股掬い … 42
- 小結 … 18
- 逆とったり … 45
- さがり … 15
- 先しばり … 25
- さしちがえ … 28
- 鯖折り … 35
- 三賞 … 19
- 三段目 … 15
- 三役 … 19
- 三役揃い踏み … 22
- 三番げいこ … 30
- 三番呼出 … 27
- 式守伊之助 … 32
- 仕切り線 … 36
- 仕切り … 37
- しこ名 … 48
- 四股 … 23
- 支度部屋 … 10
- 下手出し投げ … 41
- 下手投げ … 40
- 下手捻り … 40
- 死に体 … 34
- 十枚目 … 15
- 蛇の目 … 5
- 十両 … 15
- しめこみ … 24
- 殊勲賞 … 19
- 撞木反り … 45
- 巡業 … 52
- 勝負俵 … 5
- しょっきり … 4
- 不知火型 … 28
- 序二段 … 15
- 序ノ口 … 15
- 初っ切り … 4
- 白星 … 41
- 審判委員 … 27
- 新序出世披露 … 13
- 新弟子検査 … 50
- 新弟子 … 50
- 掬い投げ … 51
- 裾取り … 43
- 裾払い … 42
- 頭付け … 42
- 相撲教習所 … 50
- 相撲甚句 … 53

## た
- 床山 … 28
- 年寄株 … 55
- 徳俵 … 4
- てっぽう … 48
- 手刀 … 33
- 吊り出し … 44
- 吊り落とし … 44
- 吊り … 44
- つゆはらい … 20
- 伝え手 … 42
- つっぱり … 37
- 突き手 … 43
- 突き出し … 45
- 突き倒し … 45
- 突き落とし … 40
- つきひざ … 40
- つきおとし相撲 … 43
- 塵手水 … 38
- つかみ投げ … 41
- ちょんまげ … 33
- ちょんがけ … 28
- ちゃんこ … 41
- 力水 … 17
- 谷風 … 32
- 立合い … 21
- 立行司 … 30
- 太刀持ち … 21
- 立合い … 27
- たすき反り … 21
- 蹲踞 … 37
- ソップ型 … 42
- 外無双 … 32
- 外たすき反り … 43
- 外小股 … 43
- 外掛け … 42
- 素首落とし … 41
- 千秋楽 … 14
- 世話人 … 8
- せり上がり … 31
- 関脇 … 21
- 関取 … 18
- 制限時間 … 51
- 相撲文字 … 37
- 相撲部屋 … 48
- 相撲取り … 14・16・17・50
- すり足 … 13
- 年寄名跡 … 54

## な
- 取組編成会議 … 7
- 土俵作法 … 19
- 土俵入り … 4
- 土俵祭 … 26
- 土俵築 … 32
- 土俵 … 6
- とったり … 21
- 徳利投げ … 43
- 中入 … 11
- 中日 … 28
- 中ぞり … 52
- 取組編成会議 … 53
- 名古屋場所 … 29
- 夏場所 … 52
- にぎりばさみ … 26
- 二丁投げ … 32
- 二枚蹴り … 12
- 根岸流 … 41
- ねこだまし … 13
- のど輪 … 45
- はずおし … 52
- 初場所 … 52
- 張り手 … 42
- 波離間投げ … 38
- 春場所 … 44
- 馬簾 … 26
- 番付 … 12
- 番付編成会議 … 44
- 番付表 … 12
- 引き落とし … 26
- 引き技 … 24
- 左四つ … 38
- 直垂 … 34
- 拍子木 … 19
- 平幕優勝 … 31
- 平幕 … 19
- びんつけ油 … 28
- 副立呼出 … 30
- 房 … 5
- 不浄負け … 34
- ぶちかまし … 5
- ぶつかりげいこ … 49
- 踏み出し … 45
- ふみ俵 … 5
- 変化 … 37

## ま
- 本場所 … 51
- 星取表 … 9
- 褒賞金 … 10
- 前相撲 … 15
- 前頭 … 18
- 幕内 … 18
- 幕内土俵入り … 19
- 幕内力士 … 43
- 幕下 … 18
- 巻き落とし … 50
- 幕内 … 15
- 幕の内 … 18
- 負けこし … 8
- 待った … 15
- まわし … 13
- まげ … 13
- 股割り … 15
- 水引幕 … 10
- 右四つ … 15
- 虫がねめ … 8
- 三所攻め … 42
- 結びの一番 … 5
- 申し合い … 39
- 物言い … 49
- もろ手づき … 13
- もろざし … 28
- 屋形 … 35
- 櫓投げ … 41
- 櫓太鼓 … 39
- 優勝決定戦 … 20・21
- 優勝 … 20
- 弓取り式 … 11
- 四つ相撲 … 38
- 呼戻し … 10
- 呼切り … 30
- 寄り倒し … 45
- 寄り切り … 31
- 横綱土俵入り … 18
- 横綱推挙状 … 19
- 横綱審議委員会 … 15

## や
- 寄せ太鼓 … 20・20
- 横綱推挙状 … 21
- 横綱審議委員会 … 11
- 横綱 … 8
- 四つ相撲 … 41

## ら・わ
- 寄せ太鼓 … 9
- 力士 … 35
- 力士養成員 … 28
- 若者頭 … 49
- 渡し込み … 19
- 割り出し … 13
- 寄り倒し … 42

(索引・54〜55ページ)

● 監修　デーモン閣下

悪魔。芸術・娯楽の創作演出と表現、世情評論など多くの媒体で活躍。相撲専門誌で論評を11年間連載。大相撲関連番組でのゲスト解説、報道でのコメントでも頻繁に登場。発表した楽曲に「土俵の魂」「雷電為右衛門」「千秋楽」、書籍では『勝手に大相撲審議会』(やくみつる氏との共著)がある。監督した映画「コナ・ニシテ・フゥ」では元横綱・輪島大士氏を自分の父親役に配役。
「邦楽維新Collaboration」など和の伝統芸との共作活動も主体的で、上海万博では「文化交流大使」も執務。早稲田大学相撲部特別参与。

http://demon-kakka.jp/

● 編集協力　　有限会社大悠社
● 表紙デザイン　キガミッツ
● 本文デザイン　seadragon
● イラスト　　　岡本まさあき
　　　　　　　　川上 潤
　　　　　　　　タカダカズヤ
　　　　　　　　土田菜摘

デーモン閣下監修！
みんなの相撲大全(全2巻)
一　大相撲を楽しもう！

2018年2月　初版発行

発　行　者　升川秀雄
発　行　所　株式会社教育画劇
　　　　　　〒151-0051
　　　　　　東京都渋谷区千駄ヶ谷5-17-15
　　　　　　TEL：03-3341-3400
　　　　　　FAX：03-3341-8365
　　　　　　http://www.kyouikugageki.co.jp
印刷・製本　大日本印刷株式会社
56P 268×210mm　NDC788　ISBN978-4-7746-2133-3
(全2冊セット ISBN978-4-7746-3107-3)

Published by Kyouikugageki, inc., Printed in Japan
本書の無断転写・複製・転載を禁じます。乱丁、落丁本はお取り替えいたします。

● 参考文献

『相撲大事典　第四版』金指基原著／公益財団法人日本相撲協会監修（現代書館）
『大相撲の事典』澤田一矢編（東京堂出版）
『勝手に大相撲審議会』やく みつる・デーモン閣下著（中央公論新社）
『相撲の歴史』新田一郎著（山川出版社）
『相撲、国技となる』風見明著（大修館書店）
『大相撲手帳』杉山邦博監修（東京書籍）
『力士の世界』33代木村庄之助著（KADOKAWA）
『相撲のひみつ』新田一郎著（朝日出版社）
『DVDでよくわかる！　相撲観戦が10倍楽しくなる!! 世界初の相撲の技術の教科書』桑森真介著（ベースボール・マガジン社）
『平成三十年版　大相撲力士名鑑』京須利敏・水野尚文編著（共同通信社）
『大相撲の解剖図鑑』伊藤勝治監修（エクスナレッジ）
『大相撲の道具ばなし』坂本俊夫著（現代書館）
『チカラビトの国　－乃南アサの大相撲探検－』乃南アサ著（新潮社）
『ハッキヨイ！せきトリくん　わくわく大相撲ガイド』財団法人日本相撲協会監修（河出書房新社）
『ハッキヨイ！せきトリくん　わくわく大相撲ガイド　押し出し編』財団法人日本相撲協会監修（河出書房新社）
『ハッキヨイ！せきトリくん　わくわく大相撲ガイド　寄り切り編』公益財団法人日本相撲協会監修（河出書房新社）
『舞の海秀平と学ぶ　知れば知るほど大相撲』舞の海秀平・はすまる・荒井太郎著（徳間書店）
『大相撲知れば知るほど』「相撲」編集部編著（ベースボール・マガジン社）
『おもしろ大相撲百科』桜井誠人著（舵社）
『裏まで楽しむ！大相撲』ダグハウス編（KADOKAWA）
『相撲「通」レッスン帖』第三十四代木村庄之助こと伊藤勝治監修（大泉書店）
『図解　平成大相撲決まり手大事典』新山善一著（国書刊行会）
『はじめての大相撲』舞の海秀平監修／小野幸恵著（岩崎書店）
『昭和大相撲史』（毎日新聞社）
『相撲観戦入門2017』（ベースボール・マガジン社）
『大相撲決まり手大図鑑』（ベースボール・マガジン社）
『大相撲完全ガイド』（晋遊舎）
『中学体育実技』（学研教育みらい）

# 優勝力士一覧 ②

※個人優勝制度ができてからの幕内の優勝力士。「休」は休場を表す。
※「力士名」「番付」は、優勝当時のもの。「成績」の中で、「分」は引き分け、「預」は、預かり（引き分けの一種で、あえて勝敗を決めないもの）、「休」は休場を表す。「回数」は、その力士の何回目の優勝かを示す。

| 年・場所 | 力士名 | 番付 | 所属部屋 | 成績 | 出身 | 回数 |
|---|---|---|---|---|---|---|
| 昭和52(1977)年・十一月 | 輪島大士 | 横綱 | 花籠 | 14勝1敗 | 石川 | 12 |
| 昭和53(1978)年・一月 | 北の湖敏満 | 横綱 | 三保ヶ関 | 15勝 | 北海道 | 10 |
| 昭和53(1978)年・三月 | 北の湖敏満 | 横綱 | 三保ヶ関 | 13勝2敗 | 北海道 | 11 |
| 昭和53(1978)年・五月 | 北の湖敏満 | 横綱 | 三保ヶ関 | 14勝1敗 | 北海道 | 12 |
| 昭和53(1978)年・七月 | 北の湖敏満 | 横綱 | 三保ヶ関 | 15勝 | 北海道 | 13 |
| 昭和53(1978)年・九月 | 北の湖敏満 | 横綱 | 三保ヶ関 | 14勝1敗 | 北海道 | 14 |
| 昭和53(1978)年・十一月 | 若乃花幹士(二代) | 横綱 | 二子山 | 15勝 | 青森 | 2 |
| 昭和54(1979)年・一月 | 北の湖敏満 | 横綱 | 三保ヶ関 | 14勝1敗 | 北海道 | 15 |
| 昭和54(1979)年・三月 | 北の湖敏満 | 横綱 | 三保ヶ関 | 13勝2敗 | 北海道 | 16 |
| 昭和54(1979)年・五月 | 若乃花幹士(二代) | 横綱 | 二子山 | 14勝1敗 | 青森 | 3 |
| 昭和54(1979)年・七月 | 輪島大士 | 横綱 | 花籠 | 14勝1敗 | 石川 | 13 |
| 昭和54(1979)年・九月 | 北の湖敏満 | 横綱 | 三保ヶ関 | 14勝1敗 | 北海道 | 17 |
| 昭和54(1979)年・十一月 | 三重ノ海剛司 | 横綱 | 出羽海 | 14勝1敗 | 三重 | 1 |
| 昭和55(1980)年・一月 | 三重ノ海剛司 | 横綱 | 出羽海 | 14勝1敗 | 三重 | 2 |
| 昭和55(1980)年・三月 | 北の湖敏満 | 横綱 | 三保ヶ関 | 13勝2敗 | 北海道 | 18 |
| 昭和55(1980)年・五月 | 北の湖敏満 | 横綱 | 三保ヶ関 | 15勝 | 北海道 | 19 |
| 昭和55(1980)年・七月 | 北の湖敏満 | 横綱 | 三保ヶ関 | 14勝1敗 | 北海道 | 20 |
| 昭和55(1980)年・九月 | 若乃花幹士(二代) | 横綱 | 二子山 | 14勝1敗 | 青森 | 4 |
| 昭和55(1980)年・十一月 | 輪島大士 | 横綱 | 花籠 | 14勝1敗 | 石川 | 14 |
| 昭和56(1981)年・一月 | 千代の富士貢 | 大関 | 九重 | 14勝1敗 | 北海道 | 1 |
| 昭和56(1981)年・三月 | 北の湖敏満 | 横綱 | 三保ヶ関 | 13勝2敗 | 北海道 | 21 |
| 昭和56(1981)年・五月 | 北の湖敏満 | 横綱 | 三保ヶ関 | 14勝1敗 | 北海道 | 22 |
| 昭和56(1981)年・七月 | 千代の富士貢 | 横綱 | 九重 | 14勝1敗 | 北海道 | 2 |
| 昭和56(1981)年・九月 | 琴風豪規 | 関脇 | 佐渡ヶ嶽 | 12勝3敗 | 三重 | 1 |
| 昭和56(1981)年・十一月 | 千代の富士貢 | 横綱 | 九重 | 12勝3敗 | 北海道 | 3 |
| 昭和57(1982)年・一月 | 北の湖敏満 | 横綱 | 三保ヶ関 | 13勝2敗 | 北海道 | 23 |
| 昭和57(1982)年・三月 | 千代の富士貢 | 横綱 | 九重 | 13勝2敗 | 北海道 | 4 |
| 昭和57(1982)年・五月 | 千代の富士貢 | 横綱 | 九重 | 13勝2敗 | 北海道 | 5 |
| 昭和57(1982)年・七月 | 千代の富士貢 | 横綱 | 九重 | 14勝1敗 | 北海道 | 6 |
| 昭和57(1982)年・九月 | 北の湖敏満 | 横綱 | 三保ヶ関 | 15勝 | 北海道 | 24 |
| 昭和57(1982)年・十一月 | 千代の富士貢 | 横綱 | 九重 | 12勝3敗 | 北海道 | 7 |
| 昭和58(1983)年・一月 | 琴風豪規 | 関脇 | 佐渡ヶ嶽 | 14勝1敗 | 三重 | 2 |
| 昭和58(1983)年・三月 | 千代の富士貢 | 横綱 | 九重 | 15勝 | 北海道 | 8 |
| 昭和58(1983)年・五月 | 北天佑勝彦 | 関脇 | 三保ヶ関 | 14勝1敗 | 青森 | 1 |
| 昭和58(1983)年・七月 | 隆の里俊英 | 大関 | 二子山 | 14勝1敗 | 青森 | 1 |
| 昭和58(1983)年・九月 | 隆の里俊英 | 横綱 | 二子山 | 14勝1敗 | 青森 | 2 |
| 昭和58(1983)年・十一月 | 千代の富士貢 | 横綱 | 九重 | 14勝1敗 | 北海道 | 9 |
| 昭和59(1984)年・一月 | 隆の里俊英 | 横綱 | 二子山 | 13勝2敗 | 青森 | 3 |
| 昭和59(1984)年・三月 | 若嶋津六夫 | 大関 | 二子山 | 14勝1敗 | 鹿児島 | 1 |
| 昭和59(1984)年・五月 | 北の湖敏満 | 横綱 | 三保ヶ関 | 15勝 | 北海道 | 24 |
| 昭和59(1984)年・七月 | 若嶋津六夫 | 大関 | 二子山 | 15勝 | 鹿児島 | 2 |
| 昭和59(1984)年・九月 | 多賀竜昇司 | 前頭12 | 鏡山 | 13勝2敗 | 茨城 | 1 |
| 昭和59(1984)年・十一月 | 千代の富士貢 | 横綱 | 九重 | 14勝1敗 | 北海道 | 10 |
| 昭和60(1985)年・一月 | 千代の富士貢 | 横綱 | 九重 | 13勝2敗 | 北海道 | 11 |
| 昭和60(1985)年・三月 | 朝潮太郎 | 大関 | 高砂 | 13勝2敗 | 高知 | 1 |
| 昭和60(1985)年・五月 | 北天佑勝彦 | 大関 | 三保ヶ関 | 14勝1敗 | 青森 | 2 |
| 昭和60(1985)年・七月 | 千代の富士貢 | 横綱 | 九重 | 15勝 | 北海道 | 12 |
| 昭和60(1985)年・九月 | 千代の富士貢 | 横綱 | 九重 | 14勝1敗 | 北海道 | 13 |
| 昭和60(1985)年・十一月 | 千代の富士貢 | 横綱 | 九重 | 14勝1敗 | 北海道 | 14 |
| 昭和61(1986)年・一月 | 千代の富士貢 | 横綱 | 九重 | 13勝2敗 | 北海道 | 15 |
| 昭和61(1986)年・三月 | 保志信芳 | 関脇 | 九重 | 13勝2敗 | 北海道 | 1 |
| 昭和61(1986)年・五月 | 千代の富士貢 | 横綱 | 九重 | 13勝2敗 | 北海道 | 16 |
| 昭和61(1986)年・七月 | 千代の富士貢 | 横綱 | 九重 | 14勝1敗 | 北海道 | 17 |
| 昭和61(1986)年・九月 | 千代の富士貢 | 横綱 | 九重 | 14勝1敗 | 北海道 | 18 |
| 昭和61(1986)年・十一月 | 千代の富士貢 | 横綱 | 九重 | 13勝2敗 | 北海道 | 19 |
| 昭和62(1987)年・一月 | 千代の富士貢 | 横綱 | 九重 | 12勝3敗 | 北海道 | 20 |
| 昭和62(1987)年・三月 | 北勝海信芳 | 大関 | 九重 | 12勝3敗 | 北海道 | 1 |
| 昭和62(1987)年・五月 | 大乃国康 | 大関 | 放駒 | 15勝 | 北海道 | 1 |
| 昭和62(1987)年・七月 | 千代の富士貢 | 横綱 | 九重 | 14勝1敗 | 北海道 | 21 |
| 昭和62(1987)年・九月 | 北勝海信芳 | 横綱 | 九重 | 13勝2敗 | 北海道 | 2 |
| 昭和62(1987)年・十一月 | 千代の富士貢 | 横綱 | 九重 | 14勝1敗 | 北海道 | 22 |
| 昭和63(1988)年・一月 | 旭富士正也 | 大関 | 大島 | 14勝1敗 | 青森 | 1 |
| 昭和63(1988)年・三月 | 大乃国康 | 横綱 | 放駒 | 13勝2敗 | 北海道 | 2 |
| 昭和63(1988)年・五月 | 大乃国康 | 横綱 | 放駒 | 14勝1敗 | 北海道 | 3 |
| 昭和63(1988)年・七月 | 千代の富士貢 | 横綱 | 九重 | 15勝 | 北海道 | 23 |
| 昭和63(1988)年・九月 | 千代の富士貢 | 横綱 | 九重 | 15勝 | 北海道 | 24 |
| 昭和63(1988)年・十一月 | 千代の富士貢 | 横綱 | 九重 | 14勝1敗 | 北海道 | 25 |
| 平成元(1989)年・一月 | 北勝海信芳 | 横綱 | 九重 | 14勝1敗 | 北海道 | 3 |
| 平成元(1989)年・三月 | 千代の富士貢 | 横綱 | 九重 | 14勝1敗 | 北海道 | 26 |
| 平成元(1989)年・五月 | 北勝海信芳 | 横綱 | 九重 | 13勝2敗 | 北海道 | 4 |
| 平成元(1989)年・七月 | 千代の富士貢 | 横綱 | 九重 | 12勝3敗 | 北海道 | 27 |
| 平成元(1989)年・九月 | 千代の富士貢 | 横綱 | 九重 | 15勝 | 北海道 | 28 |
| 平成元(1989)年・十一月 | 小錦八十吉 | 大関 | 高砂 | 14勝1敗 | アメリカ | 1 |
| 平成2(1990)年・一月 | 千代の富士貢 | 横綱 | 九重 | 14勝1敗 | 北海道 | 29 |
| 平成2(1990)年・三月 | 北勝海信芳 | 横綱 | 九重 | 13勝2敗 | 北海道 | 5 |
| 平成2(1990)年・五月 | 旭富士正也 | 大関 | 大島 | 14勝1敗 | 青森 | 2 |
| 平成2(1990)年・七月 | 旭富士正也 | 大関 | 大島 | 14勝1敗 | 青森 | 3 |
| 平成2(1990)年・九月 | 北勝海信芳 | 横綱 | 九重 | 14勝1敗 | 北海道 | 6 |
| 平成2(1990)年・十一月 | 千代の富士貢 | 横綱 | 九重 | 13勝2敗 | 北海道 | 30 |
| 平成3(1991)年・一月 | 霧島一博 | 大関 | 井筒 | 14勝1敗 | 鹿児島 | 1 |
| 平成3(1991)年・三月 | 北勝海信芳 | 横綱 | 九重 | 13勝2敗 | 北海道 | 7 |
| 平成3(1991)年・五月 | 旭富士正也 | 横綱 | 大島 | 14勝1敗 | 青森 | 4 |
| 平成3(1991)年・七月 | 琴富士孝也 | 前頭13 | 佐渡ヶ嶽 | 14勝1敗 | 千葉 | 1 |
| 平成3(1991)年・九月 | 琴錦功宗 | 関脇 | 佐渡ヶ嶽 | 13勝2敗 | 群馬 | 1 |
| 平成3(1991)年・十一月 | 小錦八十吉 | 大関 | 高砂 | 13勝2敗 | アメリカ | 2 |
| 平成4(1992)年・一月 | 貴花田光司 | 前頭2 | 藤島 | 14勝1敗 | 東京 | 1 |
| 平成4(1992)年・三月 | 小錦八十吉 | 大関 | 高砂 | 13勝2敗 | アメリカ | 3 |
| 平成4(1992)年・五月 | 貴花田光司 | 関脇 | 藤島 | 14勝1敗 | 東京 | 2 |
| 平成4(1992)年・七月 | 水戸泉政人 | 関脇 | 高砂 | 13勝2敗 | 茨城 | 1 |
| 平成4(1992)年・九月 | 貴花田光司 | 大関 | 藤島 | 14勝1敗 | 東京 | 3 |
| 平成4(1992)年・十一月 | 曙太郎 | 大関 | 東関 | 14勝1敗 | アメリカ | 1 |
| 平成5(1993)年・一月 | 曙太郎 | 大関 | 東関 | 13勝2敗 | アメリカ | 2 |
| 平成5(1993)年・三月 | 若花田勝 | 関脇 | 二子山 | 14勝1敗 | 東京 | 1 |
| 平成5(1993)年・五月 | 曙太郎 | 横綱 | 東関 | 13勝2敗 | アメリカ | 3 |
| 平成5(1993)年・七月 | 曙太郎 | 横綱 | 東関 | 13勝2敗 | アメリカ | 4 |
| 平成5(1993)年・九月 | 曙太郎 | 横綱 | 東関 | 14勝1敗 | アメリカ | 5 |
| 平成5(1993)年・十一月 | 曙太郎 | 横綱 | 東関 | 13勝2敗 | アメリカ | 6 |
| 平成6(1994)年・一月 | 貴ノ花光司 | 大関 | 二子山 | 14勝1敗 | 東京 | 4 |
| 平成6(1994)年・三月 | 曙太郎 | 横綱 | 東関 | 12勝3敗 | アメリカ | 7 |
| 平成6(1994)年・五月 | 貴ノ花光司 | 大関 | 二子山 | 14勝1敗 | 東京 | 5 |
| 平成6(1994)年・七月 | 武蔵丸光洋 | 大関 | 武蔵川 | 15勝 | アメリカ | 1 |
| 平成6(1994)年・九月 | 貴ノ浪貞博 | 関脇 | 二子山 | 14勝1敗 | 青森 | 1 |
| 平成6(1994)年・十一月 | 貴ノ花光司 | 大関 | 二子山 | 15勝 | 東京 | 6 |
| 平成7(1995)年・一月 | 貴ノ花光司 | 横綱 | 二子山 | 13勝2敗 | 東京 | 7 |
| 平成7(1995)年・三月 | 曙太郎 | 横綱 | 東関 | 14勝1敗 | アメリカ | 8 |
| 平成7(1995)年・五月 | 貴ノ花光司 | 横綱 | 二子山 | 14勝1敗 | 東京 | 8 |
| 平成7(1995)年・七月 | 貴ノ花光司 | 横綱 | 二子山 | 13勝2敗 | 東京 | 9 |
| 平成7(1995)年・九月 | 貴ノ浪貞博 | 大関 | 二子山 | 12勝3敗 | 青森 | 2 |
| 平成7(1995)年・十一月 | 若ノ花勝 | 大関 | 二子山 | 12勝3敗 | 東京 | 2 |
| 平成8(1996)年・一月 | 貴ノ花光司 | 横綱 | 二子山 | 14勝1敗 | 東京 | 10 |
| 平成8(1996)年・三月 | 貴ノ花光司 | 横綱 | 二子山 | 14勝1敗 | 東京 | 11 |
| 平成8(1996)年・五月 | 貴ノ花光司 | 横綱 | 二子山 | 14勝1敗 | 東京 | 12 |
| 平成8(1996)年・七月 | 貴ノ花光司 | 横綱 | 二子山 | 13勝2敗 | 東京 | 13 |
| 平成8(1996)年・九月 | 武蔵丸光洋 | 大関 | 武蔵川 | 14勝1敗 | アメリカ | 2 |
| 平成8(1996)年・十一月 | 武蔵丸光洋 | 大関 | 武蔵川 | 11勝4敗 | アメリカ | 3 |
| 平成9(1997)年・一月 | 若乃花勝 | 大関 | 二子山 | 14勝1敗 | 東京 | 2 |
| 平成9(1997)年・三月 | 貴乃花光司 | 横綱 | 二子山 | 13勝2敗 | 東京 | 16 |
| 平成9(1997)年・五月 | 曙太郎 | 横綱 | 東関 | 13勝2敗 | アメリカ | 9 |
| 平成9(1997)年・七月 | 貴乃花光司 | 横綱 | 二子山 | 13勝2敗 | 東京 | 17 |
| 平成9(1997)年・九月 | 貴乃花光司 | 横綱 | 二子山 | 13勝2敗 | 東京 | 18 |